"Para muchas de nosotras, la idea de tener una mentora es atractiva y la sugerencia de ser una mentora es intimidante. A través de este libro, Melissa Kruger ayuda tanto a la mentora como a la discípula a saber por dónde comenzar, qué incluir y cómo lograr que la mentoría sea una fuente de gozo y crecimiento para todas las que participan de tal relación".

Nancy Guthrie, maestra de la Biblia; autora de *Santos y sinvergüenzas en la historia de Jesús*

"La mentoría y el discipulado son esenciales para la vida cristiana, sin embargo, muchas de nosotras no sabemos muy bien cómo hacerlo. *Creciendo juntas* no solo es un libro necesario; sino además justo el libro que estábamos buscando. Melissa Kruger ha escrito un libro instructivo, bíblico, accesible, práctico y polifacético, perfecto para las relaciones de mentoría entre dos personas, en grupo o individual. Las mujeres que lean este libro crecerán juntas en la fe y se perfeccionarán para la obra del ministerio. ¡Doy gracias por este recurso y lo recomiendo encarecidamente!".

Trillia Newbell, editora general de *Bellamente distintas: Conversaciones entre amigas sobre fe, vida y cultura*

"*Creciendo juntas* es un recurso para relaciones de mentoría que presenta una guía para conversaciones profundas basadas en la Palabra de Dios. Las interesantes preguntas y las sencillas sugerencias de aplicación práctica, pero transformadoras, animarán a las mujeres a crecer juntas en la piedad. Esta es una herramienta invaluable para cualquier portaherramientas de discipulado, ¡y estoy muy agradecida de poder agregarla al mío!"

Hunter Beless, fundadora y directora ejecutiva del podcast *Journeywomen*

CRECIENDO *juntas*

LIBROS DE MELISSA KRUGER PUBLICADOS POR PORTAVOZ

Creciendo juntas: Una guía para profundizar las conversaciones entre mentoras y discípulas

La envidia de Eva: Cómo encontrar contentamiento en un mundo codicioso

CRECIENDO *juntas*

UNA GUÍA PARA PROFUNDIZAR LAS CONVERSACIONES ENTRE MENTORAS Y DISCÍPULAS

Melissa B. Kruger

EDITORIAL PORTAVOZ

La misión de *Editorial Portavoz* consiste en proporcionar productos de calidad —con integridad y excelencia—, desde una perspectiva bíblica y confiable, que animen a las personas a conocer y servir a Jesucristo.

Traducción: Rosa Pugliese

Las cursivas añadidas en los versículos bíblicos son énfasis de la autora.

EDITORIAL PORTAVOZ
2450 Oak Industrial Drive NE
Grand Rapids, MI 49505 USA
Visítenos en: www.portavoz.com

ISBN 978-0-8254-5979-5 (rústica)
ISBN 978-0-8254-6935-0 (Kindle)
ISBN 978-0-8254-7782-9 (epub)

1 2 3 4 5 edición / año 30 29 28 27 26 25 24 23 22 21

Impreso en los Estados Unidos de América
Printed in the United States of America

Para mis hijas Emma y Kate,
y mis sobrinas Elizabeth, Jane Murry, Millie,
Reagan y Anne Randolph

Que haya mujeres en cada etapa de la vida que inviertan tiempo en ustedes y transmitan las verdades del evangelio de una generación a otra. Y que ustedes puedan transmitir lo que han aprendido a las que vengan después: el mundo necesita el tesoro depositado en sus vidas.

CONTENIDO

INTRODUCCIÓN

Como coordinadora del ministerio femenino de mi iglesia, interactúo con mujeres de diferentes edades y etapas de la vida. Uno de los pedidos más frecuentes de las más jóvenes es que les ayude a encontrar una mentora espiritual. Por cada mujer que lo solicita, hay distintas esperanzas detrás de ese anhelo. Algunas saben que necesitan crecer en la fe y quieren una mujer mayor que les brinde instrucción y sabiduría. Algunas anhelan una figura maternal que les infunda aliento. Algunas carecen de dirección y esperan que una mentora pueda darles un consejo. Algunas están sufriendo y esperan sanar sus heridas al hablar de sus problemas con otra persona. Otras se sienten agobiadas y buscan a alguien que les ayude a aliviar las cargas de la vida.

Cuando me acerco a mujeres mayores para pedirles que sean mentoras, a menudo dudan. La mayoría de ellas nunca han tenido una mentora y se preguntan, con razón: *¿Qué quiere exactamente de mí?* Incluso podrían tener miedo, no están seguras de su capacidad para liderar a otra persona debido a fallas personales en el pasado. Algunas desean ser mentoras, pero carecen de claridad y capacitación sobre cómo hacerlo.

El anhelo de las más jóvenes y la vacilación de las mujeres mayores es lo que me ha animado a ponerme a escribir. A veces es difícil saber cómo dejar atrás las conversaciones superficiales y profundizar en la vida de otra persona. Lo que espero ofrecer es una herramienta práctica que una mentora y una discípula puedan utilizar juntas como trampolín para tener conversaciones de mentoría. Por lo tanto, este libro no es fundamentalmente sobre el concepto de la mentoría.

Otras escritoras, como Susan Hunt,[1] ya han proporcionado excelentes recursos para la iglesia sobre el concepto del discipulado. Lo que espero ofrecer es un libro que las mujeres puedan leer y usar para promover conversaciones inspiradoras sobre una variedad de temas que fomenten y alienten la fe mutuamente. Por tal motivo, este no es un libro *sobre* mentoría, sino más bien un libro para *usar* en una relación de mentoría.

El objetivo principal de este libro es que dos mujeres crezcan juntas mientras caminan juntas. Cuando una creyente mayor muestra su sabiduría, comprensión y amor por el Señor, la creyente más joven aprende de su experiencia. La mentoría ayuda a plasmar los mandamientos de las Escrituras. Ver a una mujer mayor que vive la bondad, el amor, el gozo y la mansedumbre da forma a tales palabras para que podamos observar cómo se ven en acción. La buena noticia sobre el discipulado es que el aprendizaje no es solo para la discípula: ¡la mujer mayor también crece! Mientras describe la fidelidad de Dios y enseña la Palabra de Dios, su propio corazón se renueva y se aviva. Crecer juntas en una relación centrada en Cristo fomenta una relación más íntima con Jesús tanto para la mujer joven como para la mayor.

ESTRUCTURA

Este libro está estructurado en once capítulos, que se pueden leer de diversas formas. Pueden reunirse una vez al mes, cada quince días o cada semana según la disponibilidad de cada una. Independientemente del ritmo que establezcan, las animo a que busquen un día y una hora conveniente para ambas y programen sus reuniones con anticipación.

Los dos primeros capítulos exploran brevemente el concepto de la mentoría, proporcionan ejemplos bíblicos de mentoría y ofrecen consideraciones prácticas sobre el desarrollo de una relación de mentoría. Estos dos capítulos sientan las bases de la relación

---

1. Susan Hunt, *Maternidad espiritual: El modelo de Tito 2 para la mujer de hoy* (El Paso, TX: Editorial Mundo Hispano, 2018).

de mentoría para que ambas participantes tengan expectativas similares al comenzar.

Los siguientes nueve capítulos proporcionan una especie de plan de estudio que las guiará a lo largo del tiempo que pasen juntas. Se han escrito libros completos sobre cada uno de estos temas, de modo que estos capítulos están destinados a ayudarlas a comenzar a hablar sobre el tema, no a cubrirlo por completo. Dado que estos son capítulos de nivel introductorio, hay un apéndice que proporciona más lecturas para cada tema si desean profundizar en uno en particular.

Para fomentar un crecimiento espiritual equilibrado, estos capítulos están organizados de manera que ayuden a fomentar la relación de una persona con Dios y el mundo.

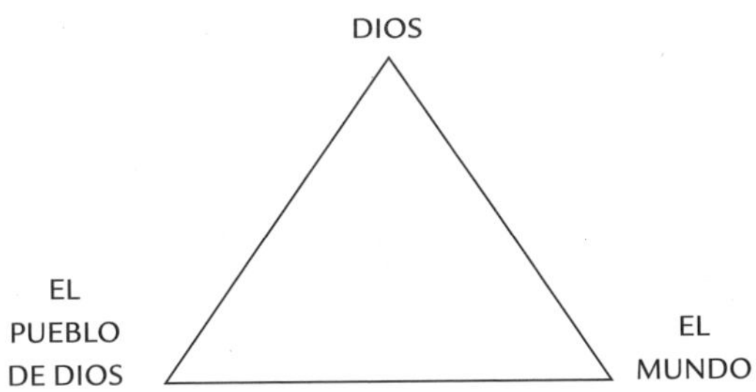

El objetivo es recorrer cada una de estas áreas de forma rotativa. Los temas sobre nuestra relación con Dios (lectura de la Biblia, oración y contentamiento) están intercalados con capítulos sobre cómo vivir en comunidad como creyentes (iglesia, familia y servicio), así como con capítulos sobre nuestra participación en el mundo (evangelismo, tentaciones, y discernimiento). Lo que se espera es que un equilibrio en el discipulado conduzca al crecimiento en cada una de estas importantes áreas. Cada uno de estos capítulos sigue un patrón general:

- Sabiduría para la vida: ¿Qué dice la Biblia sobre un tema en particular? ¿Por qué es importante?
- Entre vacilaciones e incredulidad: ¿Por qué nos cuesta obedecer la enseñanza de Dios en un área determinada?

- Caminar por fe: ¿Cómo vivir las verdades bíblicas a la luz del evangelio?

Al final de cada capítulo, hay tres actividades:

- Antes de reunirse: Herramientas prácticas para ayudarte a crecer
- Durante la reunión: Preguntas para responder
- Hasta la próxima reunión: Cómo crecer en piedad

Estas preguntas y actividades tienen la intención de ayudarlas a pasar de lo teórico a lo personal. Tanto la mentora como la discípula pueden responder estas preguntas y participar en los diferentes temas. Incluso aquellas que son maduras en su fe necesitan que se las estimule en su propio crecimiento espiritual. Si eres la mentora, no temas hablar de tus propias áreas de debilidad y necesidad de crecimiento. Es de ayuda cuando ambas personas pueden hablar abiertamente una con otra y apoyarse mutuamente. Si eres la discípula, te animo a que escuches, respetes y atiendas los consejos de tu mentora. Ella tiene sabiduría y perspectiva por los años que ha caminado con el Señor y puede ayudarte a discernir qué es lo mejor.

TERMINOLOGÍA

A lo largo del libro usaré ciertos términos de manera indistinta. La mentoría también puede denominarse "discipulado" o "maternidad espiritual". Al hablar de la mentora, a veces utilizo la expresión *mujer mayor.* Ten en cuenta que la mentora no es necesariamente mayor en edad física. Al usar la expresión *mujer mayor*, me refiero a la madurez de su fe, no a su edad. A su vez, muchas veces usaré las palabras *discípula* o *mujer más joven* para describir a la mujer que está siendo instruida.

Estos son solo términos para ayudar a la lectora a comprender la distinción de roles. No significa que la discípula nunca imparta sabiduría a la mentora o que la mentora sea una experta en todas las áreas de la vida. Tanto la mentora como la aprendiz son discípulas de Jesús y buscan conocerlo más. Una está más avanzada en la fe y busca impartir a la otra lo que ha aprendido.

DIFERENTES FORMAS DE UTILIZAR ESTE LIBRO

El propósito principal de este libro es el discipulado entre dos personas. Sin embargo, se puede utilizar de otras formas.

Grupos de discipulado

Los grupos de discipulado, por lo general, consisten en una reunión de una mujer mayor con dos a cuatro mujeres más jóvenes en la fe. Este libro se puede utilizar fácilmente en este tipo de entorno. Completar ciertos capítulos, como el capítulo 2, puede requerir dos reuniones o un tiempo de reunión más extenso para que todas tengan tiempo de participar.

Estudios en grupos pequeños

Este libro también se puede utilizar en un grupo pequeño de diez a veinte mujeres que se reúnan de manera regular. Para conocerse unas a otras a lo largo del estudio, cada semana una mujer del grupo puede usar las pautas que se ofrecen en el capítulo 2 para contar su historia personal de fe (en lugar de intentar que todas cuenten su historia la misma semana). Debido a las limitaciones de tiempo, podría ser útil abordar las preguntas a responder primero y luego hacer que una mujer cuente su historia en los últimos diez a quince minutos de la reunión. Animo a las líderes de grupo a contar su propia historia primero como ejemplo. El objetivo del ejercicio "Cuenta tu historia" no es contar todo tu pasado (¡eso podría llevar más que diez minutos!), sino narrar los momentos importantes en que Dios obró de manera clara y abrió tu corazón al mensaje del evangelio.

Por tu cuenta

Durante muchos años, al comienzo de mi matrimonio, mi esposo y yo nos mudamos a diferentes ciudades. Durante ese tiempo, deseaba tener una mentora, pero no vivía en un lugar el tiempo suficiente para entablar o buscar ese tipo de relación. En cambio, hubo mujeres mayores en la fe que se convirtieron en mis mentoras a través de sus libros. Elisabeth Elliot, Kay Arthur, Cynthia Heald, Susan Hunt y muchas otras autoras me alentaron en la fe.

Si bien no estaban físicamente presentes, sus palabras se convirtieron en un fiel aliento para mi alma. Si no tienes una mujer mayor en tu iglesia o no has encontrado una mujer con la que puedas iniciar este camino, espero que estos capítulos te acompañen y te alienten en la fe. Es un honor para mí dar a conocer las verdades que amablemente me transmitieron mujeres más maduras en la fe.

Hace años leí un poema titulado "Llámame", que se publicó por primera vez a principios de la década de 1900.[2] Después de leerlo, supe que quería pasar mi vida "llamando" a otras mujeres. Estoy muy agradecida por las diferentes mujeres que, en mi propia vida, me han llamado y me han animado en la fe. Espero que te anime a empezar.

> Si me he quedado un poco rezagada, llámame a ir contigo.
> Alegrarás mi corazón y ayudarás a mis pies a andar por el
> pedregoso camino.
> Y, si acaso, la luz de mi fe sea tenue, porque me he
> quedado sin aceite,
> tu llamado guiará mis pasos rezagados y negligentes.
>
> Llámame y dime que en la tormenta Él estuvo contigo.
> Llámame y dime que Él te sostuvo en medio del campo
> raído;
> Que cuando el cielo tronó y la tierra tembló,
> Él te alzó y te abrazó hasta que todo se aquietó.
>
> Oh, amiga, llámame y dímelo, porque no puedo tu
> rostro ver;
> Dicen que brilla de triunfo, y que en la carrera tus pies han
> de prevalecer;
> Hay niebla entre nosotras y mis ojos espirituales están
> cegados,
> Y no puedo ver la gloria, aunque escuchar su voz siempre
> he ansiado.

---

2. S. P. W. "Call Back," Herald of Gospel Liberty, vol. 102 (Dayton, OH: Christian Publishing Association, 1910), 833, consultado el 27 de septiembre de 2019, https://books.google.com/books?id=RCAN4MNFKJYC&pg=RA5-PA1&lpg=RA5-PA1&dq=call+back+#v=onepage&q&f=false. Traducción libre.

Mas si dices que Él te escuchó, cuando tu oración no era
más que un grito,
Y si dices que Él te vio a través del cielo nocturno por el
pecado oscurecido…
Si me he quedado un poco rezagada, oh, amiga, llámame a
ir contigo.
Alegrarás mi corazón y ayudarás a mis pies a andar por el
pedregoso camino.

—S. P. W.

La mentoría es un privilegio. Es una necesidad. Es una bendición. Espero que puedas llamar a otras mujeres para crecer juntas en la fe.

1

NOS NECESITAMOS UNAS A OTRAS

Las mujeres necesitan a otras mujeres que les enseñen a practicar la Palabra en todas las áreas de la vida: cómo amar al prójimo, atender a sus familias, cultivar la vida en comunidad, trabajar de manera productiva y tener compasión de otros conforme a la Palabra de Dios.

—Susan Hunt

En mi primer año de escuela secundaria, mi hermano mayor trataba de convencerme de que lo acompañara a la FCA (Comunidad de Atletas Cristianos, por sus siglas en inglés). Aunque me pareció bueno que me invitara a pasar un buen rato con sus amigos, no tenía ningún deseo de ir con él a una reunión en un grupo tan grande. Al final, me convenció, y poco a poco me convertí en una asistente habitual de las reuniones.

Nuestra consejera de la FCA era una joven profesora de matemáticas soltera llamada Tracey Lafevers. Era una muchacha enérgica y divertida, además de perspicaz y sabia. Ese verano nos invitó a su boda y vi con alegría cómo se convertía en la Sra. H. B. Moore.

Felizmente, su nuevo estado civil no le impidió continuar desempeñando su rol como nuestra consejera. Tanto ella como H. B. asistían a todas las reuniones semanales e invertían tiempo y energía en testificar del evangelio a los estudiantes. Durante los siguientes tres años, pasaba horas en su salón de clases planificando actividades y haciendo estudios bíblicos después de la escuela. Teníamos retiros en centros de esquí y retiros en la playa, así como reuniones de confraternidad en verano.

Para mi último año, a menudo evitaba salir del campus con mis amigas a la hora de almorzar y me llevaba un sándwich a su salón de clases para conversar. Sus consejos me prepararon para la vida después de la secundaria de innumerables maneras. De la manera que más me animó durante esos años fue con la Palabra de Dios en un esfuerzo por hacer crecer mi fe.

Tracey fue mi primera mentora espiritual. Ni ella ni yo lo hubiéramos llamado así en ese momento. Nuestra relación se inició cuando ella decidió invertir tiempo en la vida de los estudiantes de la escuela secundaria pública donde enseñaba. Fue de gran ayuda para mis relaciones de noviazgo y mis amistades y me enseñó a llevar una vida piadosa. Era una mujer que vivía en carne y hueso el evangelio y lo hacía frente a mí para que yo pudiera aprender de su ejemplo.

Las mentoras espirituales son vitales para el crecimiento. Las mujeres que están delante de nosotras en la fe pueden mirar atrás y animarnos en nuestra carrera. Han estado en nuestro mismo lugar y, a menudo, tienen cicatrices que lo demuestran. Podemos aprender de ellas y obtener sabiduría de sus experiencias.

Nosotras también debemos convertirnos en mujeres mentoras. Por la gracia de Dios, tenemos la oportunidad de llamar a creyentes más jóvenes y animarlas en la fe. Cuando enseñamos a otras mujeres las verdades de Dios, esas mismas verdades se arraigan más firmemente en nuestro propio corazón. Tanto la mentora como la discípula crecen en gracia a medida que crecen juntas.

Dedicaremos este capítulo a examinar el concepto de la mentoría para comprender qué significa ser una mentora, qué dice la Biblia sobre la mentoría y el objetivo de esta. Si bien este libro es principalmente para que la mentora y la discípula lo utilicen juntas en el proceso de mentoría, es útil tener un esquema básico antes de comenzar.

EL SIGNIFICADO DE MENTORÍA

Cuando era niña, recuerdo una tarde que jugaba en el jardín delantero mientras mi papá recogía ramas secas y desyerbaba. En un momento, se detuvo y entró al garaje. Regresó con algunas herramientas y comenzó a hacer algo que nunca antes lo había visto hacer. Había un árbol joven con tronco delgado que estaba torcido como resultado de los efectos adversos de una tormenta que había pasado hacía poco. (Y, si mal no recuerdo, también sufría los efectos de los niños del vecindario, incluida yo misma, a quienes nos gustaba saltar sobre su rama inclinada para divertirnos). Tomó una cuerda y ató el árbol joven a un árbol mucho más viejo, uno que era robusto, fuerte y erguido. Cuando le pregunté por qué estaba atando los dos árboles, me explicó que el árbol más viejo podía ofrecer apoyo y fuerza para evitar que el árbol más joven creciera torcido. El árbol más viejo había resistido años de vientos y tormentas. Con solo estar de pie junto al árbol más joven, le ofrecía estabilidad.

Cada vez que pienso en el discipulado me viene a la mente esta imagen. En esencia, la relación de mentoría es aquella en la cual una mujer más joven está atada a una creyente más madura por un tiempo para que pueda crecer firme en su fe y perfeccionarse para el ministerio. Así como el árbol más viejo no hace crecer al árbol más joven (el agua y el sol lo hacen), la mentora no es responsable del crecimiento espiritual de la discípula (Dios lo hace). Ella solo está de pie junto a la mujer más joven para ofrecerle la fuerza que ha obtenido del crecimiento que Dios le ha dado a lo largo de los años.

DEFINICIÓN DE MENTORÍA

Con esta metáfora en mente, la definición que utilizo para la mentoría es la siguiente:

> La mentoría es una relación de discipulado centrada en perfeccionar a los creyentes más jóvenes para la obra del ministerio, de modo que crezcan en madurez y unidad en la fe con el principal objetivo de glorificar a Dios.

Comenzaremos por considerar varios pasajes de las Escrituras para ayudarnos a examinar esta definición, y luego veremos la relación entre Moisés y Josué como un ejemplo a seguir.

Una relación de discipulado

Antes que Jesús ascendiera al cielo, dio a sus discípulos un mandato final, comúnmente llamado la "Gran Comisión":

> Y Jesús se acercó y les habló diciendo: Toda potestad me es dada en el cielo y en la tierra. Por tanto, id, y haced discípulos a todas las naciones, bautizándolos en el nombre del Padre, y del Hijo, y del Espíritu Santo; enseñándoles que guarden todas las cosas que os he mandado; y he aquí yo estoy con vosotros todos los días, hasta el fin del mundo. Amén (Mateo 28:18-20).

Jesús llamó a sus seguidores a ir y hacer discípulos, y enseñarles a obedecer todo lo que habían aprendido de Él. El discipulado comienza con el evangelismo, pero no termina allí. A medida que estudiamos y aprendemos verdades acerca de Dios, transmitimos continuamente a otras personas lo que hemos recibido. La mentoría es un tipo específico de relación de discipulado. A través de la mentoría, una creyente mayor enseña a una creyente más joven a caminar por fe en obediencia a los mandamientos de Dios.

Perfeccionamiento para el ministerio

Efesios 4:11-13 explica la importancia de crecer en la fe para la edificación de la iglesia:

> Y él mismo constituyó a unos, apóstoles; a otros, profetas; a otros, evangelistas; a otros, pastores y maestros, *a fin de perfeccionar a los santos para la obra del ministerio, para la edificación del cuerpo de Cristo*, hasta que todos lleguemos a la unidad de la fe y del conocimiento del Hijo de Dios, a un varón perfecto, a la medida de la estatura de la plenitud de Cristo.

El apóstol, profeta, evangelista, pastor y maestro tienen un objetivo común en su formación: perfeccionar a los santos para la obra del ministerio con la esperanza de edificar el cuerpo de Cristo. Si bien este pasaje se dirige a quienes tienen funciones oficiales, a todos se nos instruye a enseñarnos unos a otros (Colosenses 3:16), y a las mujeres se nos llama específicamente a enseñar a otras mujeres (Tito 2:3-4).

Hay dos objetivos importantes que podemos extraer de este pasaje en lo que respecta a la mentoría. Una relación de mentoría busca:

- Perfeccionar a una creyente más joven
- Fomentar la obra del ministerio

Ambos conceptos son vitales para un discipulado bien equilibrado. Una mujer necesita perfeccionarse para el ministerio, así como participar activamente en el ministerio a fin de crecer en madurez. Una mentora no solo perfecciona para un supuesto servicio futuro; perfecciona mientras alienta a una mujer más joven en su ministerio actual.

Si se descuidan cualquiera de los conceptos del discipulado, nuestra mentoría podría desequilibrarse. Si una mujer está siendo perfeccionada, pero no participa en el ministerio, es fácil que se vuelva demasiado confiada y centrada en sí misma. Se olvida rápidamente incluso de por qué necesita perfeccionarse porque ¡no comprende realmente cuánto no comprende! Si recuerdas la clase de álgebra de la escuela secundaria, a menudo no es hasta que tomamos un examen que nos damos cuenta de que hemos estado demasiado confiadas en nuestra comprensión del material.

Otro problema que surge cuando una mujer está siendo perfeccionada, pero no participa activamente en el ministerio, es que rápidamente pierde interés en la capacitación. Si un equipo deportivo solo practicara, pero nunca participara en un juego real, los jugadores se aburrirían rápidamente y perderían interés en trabajar con diligencia mientras practican. El deseo de entrenar en realidad aumenta al participar en el juego y comprender las áreas de crecimiento necesario. Una forma clave de crecimiento en la vida espiritual implica participar activamente en alguna forma de ministerio.

Del otro lado de la moneda, si una mujer solo participa en el ministerio y nunca se toma el tiempo para perfeccionarse, es posible que esté luchando de diferentes maneras. Es equivalente al equipo deportivo que nunca entrena, sino que solo se presenta para el juego. Se cansará rápidamente y tendrá poca resistencia. No estará preparada para ciertas situaciones porque no se ha tomado tiempo fuera del juego para considerar lo inesperado. En el ministerio, las mujeres que no están perfeccionadas se desgastarán rápidamente y se sentirán extenuadas. Su servicio externo carecerá de la fuerza interna y la comprensión necesarias para perseverar bien en su ministerio hacia otros.

Ambas partes de la definición, perfeccionarse y participar activamente en el ministerio, son vitales para un discipulado integral. Pablo también impulsa a las mujeres a ser mentoras, en su carta a Tito, cuando escribe:

> Las ancianas asimismo sean reverentes en su porte; no calumniadoras, no esclavas del vino, maestras del bien; que enseñen a las mujeres jóvenes a amar a sus maridos y a sus hijos, a ser prudentes, castas, cuidadosas de su casa, buenas, sujetas a sus maridos, para que la palabra de Dios no sea blasfemada (Tito 2:3-5).

Aquí tenemos una exhortación especial para las mujeres mayores a enseñar a las mujeres más jóvenes. Ahondaremos más en este pasaje bíblico en el próximo capítulo, pero como una aclaración: esta exhortación de Pablo no es una *limitante* para la mentoría, sino una *exhortación especial* a la mentoría. Pablo no está diciendo: "Solo sean mentoras de mujeres casadas y con hijos pequeños". Tampoco señala que las mentoras deben estar casadas y tener sus propios hijos. Las últimas palabras de Jesús en la Gran Comisión nos llaman a hacer discípulos, sin importar el sexo, la edad o el estado civil.

Pablo solo está haciendo una exhortación especial a que las mujeres mayores sean mentoras de mujeres más jóvenes casadas y con hijos. Como esposa y madre joven, es tentador creer que el trabajo en el hogar es insignificante en comparación con los elogios terrenales o formas más visibles de ministerio. Las mujeres mayores pueden alentar a las jóvenes al recordarles que el hogar es un lugar vital para dar fruto. Nota cuántos frutos del Espíritu se mencionan en el pasaje de Tito 2: bondad, amor, templanza y benignidad. Todos los creyentes deben exhibir estos frutos a medida que crecen en la fe. Pablo enfatiza —pero no limita— la importancia de dar fruto en el hogar.

Para unidad o madurez

Efesios 4:11-13 también nos ayuda a comprender que la mentoría implica más que desarrollar una amistad con una mujer mayor o más joven. Está destinada a traer unidad en la fe, conocimiento de Cristo y una madurez que confluya en una confianza firme y estable en Dios que resista los ataques del enemigo. La unidad se construye a medida que crecemos juntas en la verdad y servimos juntas en amor. La madurez produce estabilidad "para que ya no seamos niños fluctuantes, llevados por doquiera de todo viento de doctrina, por estratagema de hombres que para engañar emplean con astucia las artimañas del error" (Efesios 4:14).

Con el tiempo, la fe de la mujer más joven se fortalece de modo que ya no se dejará arrastrar por cualquier enseñanza. Podrá discernir qué es lo mejor porque ha sido perfeccionada. Tendrá sabiduría para cada situación, porque ha participado en el trabajo del ministerio. Con raíces firmes, puede estar al lado de otras mujeres y ayudarlas a crecer en la piedad.

Para la gloria de Dios

Como mentoras, es importante tener presente nuestro objetivo principal. A fin de cuentas, queremos ayudar a una mujer más joven a crecer en la semejanza de Cristo para que glorifique a Dios en todo lo que haga. No estamos intentando crear a las demás a nuestra propia imagen y hacerlas como nosotras. Mi objetivo no es hacer discípulas de Melissa, sino hacer discípulas de Jesús.

Juan el Bautista entendió cuál era su rol y se regocijó cuando el pueblo lo dejó para seguir a Jesús, y así lo expresó: "Es necesario que él crezca, pero que yo mengüe" (Juan 3:30). Nuestro objetivo es mostrar a Jesús a otras mujeres y decirles: "Ve y síguelo. ¡Él es la fuente de todo lo bueno!". Cuando una mujer más joven contempla a su Rey, se transforma cada vez más a su semejanza (2 Corintios 3:18).

Prácticamente, este concepto permite a la mentora trabajar con diligencia y descansar confiada. Su trabajo se une al propósito de Dios para las mujeres que discipula. Sabe que su trabajo no es en vano porque está mostrando a Jesús a otras mujeres.

Descansa confiada porque, a fin de cuentas, la obra es de Dios, no de ella. Dios forma y moldea a sus hijas en su tiempo. La mentora se libera de la presión de hacer todo de manera perfecta, porque ella no es la fuente decisiva de crecimiento, sino la que apoya el trabajo que Dios ya está haciendo. Para referirnos a nuestra metáfora original, un árbol no puede hacer crecer a otro árbol. Solo está de pie junto a un árbol más joven y le ofrece su fuerza durante una temporada.

En Tito 2, Pablo se dirige a una diversidad de creyentes sobre la necesidad de vivir en rectitud. Explica el triple propósito de perfeccionar a los santos para la obra del ministerio: para defensa de la Palabra de Dios, alabanza de la iglesia y adorno del evangelio. El objetivo de la mentoría es mucho más grande que nuestra felicidad o crecimiento personal. El objetivo es la gloria de Dios.

A fin de cuentas, este objetivo superior conduce a nuestro gozo y crecimiento personal, pero es el subproducto de un deseo mucho más importante: que el nombre de Dios sea santificado en toda la tierra. Este anhelo es lo primero que Jesús nos enseña a pedir en el Padrenuestro ("Santificado sea tu nombre", Mateo 6:9), y será nuestro mayor gozo en toda la eternidad. Cuando Dios sea glorificado como es debido, todo va a estar bien.

EJEMPLOS BÍBLICOS DE MENTORÍA

Siempre disfruto leer biografías cristianas porque me dan una visión más amplia de lo que significa caminar por fe. He aprendido mucho de sus ejemplos, y sus historias me han inspirado. Felizmente, la Biblia nos ofrece excelentes ejemplos de relaciones de mentoría de las cuales podemos aprender: María e Elizabeth; Timoteo y Pablo; Pedro, Jacobo, Juan y Jesús.

Mi ejemplo favorito de una relación de mentoría es la que existió entre Moisés y Josué. Josué se convirtió en el ayudante de Moisés durante su juventud (Números 11:28). Sirvió con Moisés como un guerrero en la lucha contra los amalecitas mientras Moisés levantaba su vara en oración. Solo él acompañó a Moisés al monte Sinaí cuando Moisés recibió los Diez Mandamientos (Éxodo 24:12-15). Cuando Moisés salía de la tienda de reunión, Josué permanecía adentro hasta que él regresaba (Éxodo 33:11).

Moisés incluyó a Josué en los doce hombres que envió a espiar la tierra de Canaán (Números 13:16). De los doce, solo Josué y Caleb creyeron que el Señor podía cumplir lo que había prometido. Fueron los únicos dos hombres de su generación a los que Dios les permitió entrar en la Tierra Prometida (Números 14:30, 38).

Hacia el final de su ministerio juntos, Moisés alentó repetidas veces a Josué y le recordó que Dios sería fiel para pelear las batallas por los israelitas cuando entraran a la Tierra Prometida, tal como lo había hecho durante el tiempo que anduvieron errantes por el desierto (Deuteronomio 3:21-29). Al final de la vida de Moisés, Dios ordenó a Moisés que pusiera las manos sobre Josué y lo comisionara ante toda la asamblea de los israelitas como el líder elegido de Dios (Números 27:18). Moisés dio estas últimas palabras de aliento a Josué:

> Esfuérzate y anímate; porque tú entrarás con este pueblo a la tierra que juró Jehová a sus padres que les daría, y tú se la harás heredar. Y Jehová va delante de ti; él estará contigo, no te dejará, ni te desamparará; no temas ni te intimides (Deuteronomio 31:7-8).

La relación entre Moisés y Josué permaneció durante décadas, y es una de las relaciones de mentoría descritas de manera más vívida a lo largo de todas las Escrituras. Si bien la mayoría de las relaciones de discipulado serán mucho más cortas de duración, podemos extraer varias ideas que son consecuentes con nuestra definición anterior de mentoría del pasaje de Efesios.

Moisés no pasó cuarenta años enseñando a Josué las verdades acerca de Dios y *luego* lo envió a liderar a los israelitas. Su instrucción y su apoyo a Josué llegaron a lo largo de años de servicio activo por parte de Josué. Mientras Josué luchaba contra los amalecitas, se sentaba en la tienda de reunión y fue a espiar la tierra de Canaán, Dios lo preparó como líder. Josué estaba aprendiendo de Moisés mientras servía a Dios.

La mentoría permite que aquellas mujeres que ya están sirviendo en la iglesia se edifiquen para que puedan estar preparadas para un servicio aún mayor. Si pensamos en nuestra analogía del árbol, el árbol más joven ya estaba creciendo antes que lo ataran al árbol más viejo. El árbol más fuerte no hace que el árbol más débil crezca, pero puede ayudar al árbol más joven a crecer erguido en la dirección correcta y protegerlo contra los elementos que lo rodean. Ser mentoras de mujeres más jóvenes que ya están sirviendo activamente les permite prepararse para las buenas obras a las que el Señor las llamará en un futuro ministerio.

Un segundo principio que podemos observar entre Moisés y Josué es que Moisés llevó a Josué con él mientras se dedicaba al ministerio. A veces, una mujer más joven puede aprender por el solo hecho de servir junto a una mujer mayor en lo que ella está haciendo. Podría ser útil que una mujer más joven te acompañe mientras preparas la comida, ordenas las sillas, enseñas una clase de escuela dominical, ayudas en el comité de finanzas, cuidas a un padre anciano o asistes a una reunión de oración. Invitar a una mujer más joven a que te acompañe mientras sirves a los demás es una manera fácil de enseñar mientras haces la obra del ministerio.

El último principio para considerar es la forma en que Moisés alentaba con sus palabras regularmente a Josué. Moisés estaba *a favor de* Josué. Quería que le fuera bien para que el reino de Dios avanzara. Sabía que Josué enfrentaría adversarios difíciles, pero también sabía que Dios estaría con Josué. Moisés recordó a Josué que Dios estaba a favor de él y que cumpliría todo lo que lo había llamado a hacer.

A través del ejemplo de Moisés, encontramos una de las funciones más importantes de una mentora: recordar a la mujer más joven que Dios está con ella y a favor de ella. Aunque puedan soplar vientos tormentosos y el camino parezca poco claro, Dios va al frente y guiará su camino. Una mentora puede hacer brillar la luz de la verdad de Dios en aquellas situaciones donde la mujer más joven puede verse tentada a dudar de la bondad de Dios.

TIPOS DE MENTORÍA

La relación entre Moisés y Josué es solo un ejemplo de mentoría. No hay dos relaciones de mentoría iguales, y hay una variedad de formas de ser mentora. Podemos beneficiarnos de relaciones de mentoría tanto formales como informales. Mi relación con

Tracey se desarrolló de forma natural cuando participé en la FCA (Comunidad de Atletas Cristianos, por sus siglas en inglés) y me convertí en una líder estudiantil en el grupo. Nunca tuvimos un tiempo formal juntas, pero ella me enseñaba mientras compartíamos la vida juntas.

Cuando era estudiante de primer año en la Universidad de Carolina del Norte, una mujer llamada Deanne trabajaba en el plantel del personal de mi capítulo de InterVarsity Christian Fellowship. A principios del otoño, se acercó a mí y me preguntó si me gustaría reunirme con ella como mi mentora una vez a la semana. Nuestra relación consistía en una reunión programada de manera regular, y al final de cada semestre revaluábamos si ambas teníamos la disponibilidad de continuar reuniéndonos. En el transcurso de los siguientes tres años, estudiamos juntas diferentes libros de la Biblia cada semana mientras compartíamos nuestra vida y ministerio de manera personal.

Ambas relaciones son muy importantes para mí. Mi relación con Deanne no fue menos personal por estar programada, ni mi relación con Tracey fue menos influyente por ser más informal. Una mujer mayor puede tener una influencia maravillosa como mentora de una mujer más joven tan solo con invitarla a dar un paseo, estar disponible para responder preguntas mientras toman un café u ofrecerse a cargar a su bebé para que pueda descansar un poco. Con el tiempo, estas mujeres mayores son mentoras con su ejemplo de piedad y los consejos bíblicos que transmiten en cada conversación.

En este libro, espero abrir una senda para las mujeres que buscan una forma más estructurada de mentoría. Es un punto de partida tanto para las mujeres que quieren ser mentoras de otras como para las mujeres que desean tener una mentora que les enseñe. En esencia, lo que espero ofrecer es la cuerda que permita atar a un árbol joven junto a un árbol más viejo. Mi intención no es proporcionar la única forma de ser mentora, sino ayudar a abrir una senda para que dos mujeres caminen juntas mientras se concentran en conocer al Señor y crecer a semejanza de Él.

Hemos hablado bastante sobre el tema de la mentoría hasta ahora. Hemos visto la definición de mentoría, observado ejemplos bíblicos y exhortaciones a la mentoría y considerado los objetivos más amplios de la mentoría. En el próximo capítulo comenzaremos a ver los aspectos prácticos de la mentoría. ¿A quién debo discipular? ¿A quién debo buscar para que sea mi mentora? ¿Cuándo deberíamos encontrarnos y por cuánto tiempo? ¿Qué esperar de nuestro tiempo juntas? Establecer expectativas razonables es vital para una experiencia de mentoría positiva.

La mentoría requiere tiempo, consideración y esfuerzo. Mientras piensas en comenzar este tipo de discipulado, permíteme alentarte y decirte que no es en vano. Pablo animó a los corintios en su trabajo al exhortarlos: "Así que, hermanos míos amados, estad firmes y constantes, creciendo en la obra del Señor siempre, sabiendo que vuestro trabajo en el Señor no es en vano" (1 Corintios 15:58). Como mentoras, edificamos la iglesia. Crecemos en esta obra, sabiendo que nuestro trabajo en el Señor nunca es en vano.

2

FÍJATE EXPECTATIVAS Y CUENTA TU HISTORIA

[El Señor] me impulsa a dejar que las mujeres más jóvenes vean no solo mis pruebas y pecados, sino también cómo respondo cuando Dios me permite pasar por esas circunstancias. A través de este tipo de exposición aprendo a hacer de mi vida un libro abierto para las mujeres que discipulo. Aprendo a confiar en los buenos propósitos de Dios para mis propias luchas y a recibir su consuelo para que, a su vez, yo pueda consolar a otras.

—Kristie Anyabwile

Mi armario del vestíbulo solía ser un completo desastre. Había toallas viejas, sábanas que no hacían juego, almohadas y un variado surtido de regalos todos mezclados que desbordaba de cada estante. Detestaba abrir el armario por miedo a que se me cayera todo.

Finalmente, el verano pasado saqué todas las cosas y las dividí en tres pilas: tirar, donar y guardar. Después de sacar los artículos para donarlos y tirarlos, guardé cuidadosamente todo lo demás en el armario. Ahora, cuando paso por el armario, suspiro de alivio. Me encanta abrirlo y ver todo en su lugar.

Este capítulo es algo así como ordenar ese armario. Puede que no sea tan emocionante hablar de detalles de organización, pero hacerlo al inicio de una relación de mentoría puede evitar que las expectativas no cumplidas se caigan meses después. El estudio que hagan de este capítulo les ayudará a organizar su tiempo juntas de una manera que produzca unidad y comprensión en vez de división y desilusión.

Consideraremos tres temas importantes: fijarse expectativas, plantear un discipulado centrado en el evangelio y dar el paso de contar sus historias una a la otra. La sinceridad en cada una de estas áreas abre la puerta a una relación sana.

FIJAR EXPECTATIVAS

La comunicación es importante en cualquier relación, pero especialmente en la relación de mentoría. Después de meses de reunirme con una mujer, me di cuenta de que teníamos expectativas totalmente distintas sobre cómo debería ser la mentoría. Para ella, yo no estaba a la altura de lo que esperaba de una mentora. En mi opinión, ella no estaba dedicando tiempo y esfuerzo a nuestras reuniones. Ella esperaba pasar tiempo juntas como amigas. Yo le estaba pidiendo que siguiera un plan de estudios bíblicos y me sentía frustrada porque nunca terminaba la tarea. No habíamos programado una hora de reunión regular, y al final nuestra relación terminó con un comentario inoportuno: "¡Oye, deberíamos ponernos al día en algún momento!".

Aprendí mucho de mi fracaso en esa relación. Cuando ella me planteó que nos reuniéramos, me hice una idea de cómo sería nuestro tiempo juntas. Ella también. Sin embargo, nunca hablamos del objetivo de nuestro tiempo juntas. Ella quería tener una relación conmigo y yo quería ayudarla a hacer crecer su relación con Dios. Empezamos con objetivos diferentes y sin un camino claro a seguir.

Desde entonces, he cambiado dos cosas importantes como mentora. La primera es establecer una frecuencia y duración del tiempo que pasaremos juntas. Las animo a fijar una fecha, hora y ubicación específicas. ¿Se reunirán una vez al mes, dos veces al mes o una vez a la semana? Quizás puedan reunirse el primer martes de cada mes para desayunar o cada dos jueves por la noche para disfrutar de un postre. Averigüen qué día y hora les resulta más conveniente a ambas y luego comprométanse a pasar ese tiempo juntas.

También les recomiendo que consideren una duración específica o cuánto tiempo se reunirán, y luego pueden reevaluarlo en caso de ser necesario. Pueden ser seis meses, puede ser un año o puede ser hasta que termine este libro; pero es bueno tener un tiempo establecido basado en el horario de ambas.

Uno de los temores de la mentoría (para ambas partes) es que ¡sea un compromiso de por vida! Al igual que dos árboles no están unidos para siempre, las relaciones de mentoría suelen ser por un tiempo. Esta realidad no significa que la relación vaya a terminar. El verano pasado, mi líder de la Comunidad de Atletas Cristianos de la escuela secundaria, Tracey, y yo pasamos un fin de semana con nuestras familias en el lago. Pasaron más de veinticinco años desde que vivíamos en la misma ciudad, pero pudimos retomar conversaciones sobre la familia, la fe y el ministerio. El hecho de que no se vean todas las semanas durante el resto de sus vidas no significa que la relación no sea lo que solía ser. Simplemente, adquiere distintas características según las diferentes etapas.

Dado que estamos fijando expectativas, también es bueno definir claramente lo que cada una espera de la otra en la relación. Básicamente, debemos considerar: ¿Cómo puede la mentora ser fiel en su mentoría y cómo puede la discípula ser fiel en su aprendizaje?

UNAS PALABRAS PARA LA MENTORA

Tu ejemplo importa

En su carta a Tito, Pablo escribe: "Las ancianas asimismo sean reverentes en su porte; no calumniadoras, no esclavas del vino, maestras del bien" (Tito 2:3). Pablo no exige perfección (¡ninguna de nosotras pasaría esa prueba!), pero quiere que las mujeres mayores sean fieles ejemplos mientras enseñan a las más jóvenes. Algunas preguntas para considerar al pensar en este pasaje de Tito:

- *Reverentes en su porte*: ¿Pienso en mi conducta? ¿Utilizo mi tiempo para servir a los demás? ¿Refleja mi vida cada vez más mi fe? (¿Cómo vivo?).
- *No calumniadoras*: ¿Muestro ser sabia con mis palabras? ¿Soy chismosa? ¿Hablo bien de otras personas cercanas a mí? ¿Me quejo con frecuencia? (¿Cómo hablo?).

- *No esclavas*: ¿Tengo disciplina con respecto al alcohol, la comida, el ejercicio, la televisión, las compras y otros placeres terrenales? ¿Confío cada vez más en Dios para tener gozo y contentamiento? (¿Qué gobierna mis afectos?).
- *Maestras del bien*: ¿Doy consejos terrenales o sabios consejos bíblicos? ¿Tengo una práctica regular de lectura de la Biblia y oración? ¿Busco con devoción la manera de crecer en mi propio conocimiento y comprensión? (¿Qué gobierna mi mente?).

Puede que leas esa lista y quieras darte la vuelta en silencio y correr lo más rápido que puedas lejos del rol de mentora. ¡Por favor, no lo hagas! La perfección es imposible. Sin embargo, podemos ser mujeres que buscan amar a Dios en todo lo que pensamos, decimos y hacemos. Eso es lo que más necesita tu discípula: una mujer que anhele fervientemente conocer a Dios y glorificarlo con su vida.

Invita a otra mujer a acompañarte

Una de las mejores formas de compartir tu vida con la mujer que estás discipulando es invitarla a acompañarte. Un pequeño poema que me enviaron dice algo como esto:

> Yo lo hago, tú me miras.
> Yo lo hago, tú me ayudas.
> Tú lo haces, yo te ayudo.
> Tú lo haces, yo te miro.

Cuando tienes que ministrar en tu iglesia local, lleva contigo a tu discípula. Si estás dando un estudio bíblico o una clase de escuela dominical, hazla participar de alguna manera. Si estás sirviendo en un comedor de beneficencia o visitando la cárcel, pregúntale si puede acompañarte. Si tienes que hacer mandados un sábado, pregúntale si quiere ir contigo. Si tienes que llevar a tus hijos a practicar deportes, pídele que vaya contigo para conversar mientras los miras jugar. Si vas a salir a caminar, pregúntale si puede acompañarte. Invítala a participar de tu vida real, incluso de las pilas de ropa sucia y otros momentos complicados, eso la ayudará a sentirse cómoda a la hora de compartir su vida contigo.

Haz un seguimiento

Si la mujer que estás discipulando quiere confesarse contigo o te cuenta una parte difícil de su historia, asegúrate de preguntarle cómo está en los próximos días. Contar partes de nuestro pasado puede hacernos sentir despreciables o indignas. Puede que seas la primera persona con la que se abre sobre pecados y heridas del pasado o sueños rotos. Escúchala con amor, aceptación y gracia mientras te cuenta su vida. Y si necesita rendirte cuenta de sus luchas actuales con el pecado, escúchala. Saber que la supervisarás en sus luchas puede ser justo lo que necesita para vencer el pecado.

Ora con regularidad

Nuestras oraciones unas por otras son un regalo. Ora con regularidad por la mujer que estás discipulando. Si mientras estudias la Biblia encuentras un versículo concerniente a lo que están conversando, envíaselo y ora por ella. Cuando no sepas cómo ayudar, pide a Dios que te dé sabiduría y discernimiento. Aférrate a su promesa: "Y si alguno de vosotros tiene falta de sabiduría, pídala a Dios, el cual da a todos abundantemente y sin reproche, y le será dada" (Santiago 1:5).

Anímate: el trabajo que haces al invertir tiempo en la vida de otra mujer es importante. Puede que no siempre veas el fruto de inmediato, pero el Señor obra en ti y a través de ti mientras ofreces ayuda a una mujer más joven.

UNA PALABRA PARA LA DISCÍPULA

Sé fiel

Independientemente de lo que hayas decidido estudiar o leer, completa fielmente las tareas. Tu mentora te dedica su tiempo, energía y atención. Solo crecerás en la medida en que aportes a la relación. No dejes de reunirte con ella porque aparece algo más divertido en tu calendario social. El crecimiento espiritual no ocurre por sí solo. Como solía decir una de mis mentoras: "No llegas sin objetivo hasta la santidad". Decide ser fiel en esta relación que sabes que es una bendición en tu vida. Sé puntual, asiste y sé agradecida.

Sé activa, no pasiva

Sé activa, no pasiva en el proceso de la mentoría. No des por hecho que tu mentora siempre sabrá exactamente lo que tú necesitas. Piensa en lo que te gustaría preguntarle y formúlale esas preguntas en su tiempo juntas. Cuando tengas un día difícil, avísale y pídele que ore por ti. Cuando te enfrentes a una decisión difícil, pídele consejo. Invítala a intervenir en tu vida y escucha los sabios consejos que tiene para darte.

Sé sincera y humilde

No tienes que ocultar tus luchas a tu mentora. Sé sincera. Confiésale cuándo has pecado y pídele que te ayude. Cuando tu mentora te corrija y te hable de los patrones de pecado, escúchala con humildad. Puede que sea difícil escucharla, pero debes estar dispuesta a recibir su consejo y corrección. Proverbios nos recuerda: "Fieles son las heridas del que ama" (Proverbios 27:6). Su corrección es un acto de bondad (aunque a veces puede ser doloroso) y les ayudará a crecer juntas en la piedad.

Sé cariñosa y comprensiva

Es importante encontrar formas de cuidar y alentar a la mujer que te discipula. Ella tiene sus propias luchas que enfrentar. Aunque parezca que su vida está en orden y que marcha todo bien, es probable que algunos días se sienta abrumada. Cuando llames para pedirle que te ayude, no te olvides de preguntarle cómo está. Cuando tenga un día difícil, llévale su café favorito o algunas flores. Escríbele una nota para hacerle saber cómo te han ayudado sus consejos. Sé considerada y cariñosa con ella, pues ella tiene sus propias derrotas, luchas, inseguridades y dificultades.

Ora

Tu mentora necesita tus oraciones al igual que tú necesitas las de ella. Cada vez que se encuentren, pregúntale cómo puedes orar por ella. Mi pasante me pide que comparta mi rosa, capullo y espina de la última semana o dos. Mi rosa es algo bueno que sucedió, mi capullo es algo que espero con ansias y mi espina es algo difícil que estoy enfrentando. Esta simple actividad me ha permitido compartir con ella partes de mi vida que quizás no hubiera hecho si ella no me lo hubiera pedido. Me he sentido amada en nuestro tiempo juntas al saber que ella está orando por mí en estas áreas.

Al reunirte con tu mentora, te animo a seguir creciendo de todas formas posibles. Te sorprenderás de cómo el Señor se manifestará a ti cuando escuches la palabra predicada, compartas la Santa Cena, escuches la enseñanza en la escuela dominical, pases tiempo estudiando la Biblia y sirvas fielmente en tu iglesia. Dios ordenará providencialmente estas diversas áreas de maneras tan sorprendentes que las ayudará a crecer juntas en la fe.

UN DISCIPULADO CENTRADO EN EL EVANGELIO

Al final de este capítulo he proporcionado una lista de preguntas para ayudar a ambas a contarse su historia una a la otra. Tal vez algunas de ustedes no estén seguras de dónde se encuentran en la fe. Puede que estén explorando el cristianismo por primera vez o puede que hayan crecido en la iglesia, pero se preguntan si es verdad. Está bien expresar sus dudas, preguntas e inquietudes. No tienen que entenderlo todo. Sigan orando para que Dios se les revele.

Otras pueden ser reacias a hablar por miedo o culpa. Podrías tener cosas como abuso, adicción, aborto, codicia, mentiras o trampas en tu historia. La vergüenza nos lleva a escondernos. Recuerden esta verdad de Pablo: "Y esto erais algunos; mas ya habéis sido lavados, ya habéis sido santificados, ya habéis sido justificados en el nombre del Señor Jesús, y por el Espíritu de nuestro Dios" (1 Corintios 6:11). Cristo está redimiendo tu historia. Ya no estás esclavizada a esa historia.

Todas somos iguales al pie de la cruz. Todas hemos pecado y estamos destituidas de la gloria de Dios. Todas necesitamos que Jesús nos rescate. Todas las que hemos creído por fe podemos regocijarnos en estas palabras: "Ahora, pues, ninguna condenación hay para los que están en Cristo Jesús, los que no andan conforme a la carne, sino conforme al Espíritu. Porque la ley del Espíritu de vida en Cristo Jesús me ha librado de la ley del pecado y de la muerte" (Romanos 8:1-2). No importa lo que hayas hecho, la sangre de Jesús es suficiente.

El pecado no te condena más ni sigue siendo tu amo. El Espíritu infunde nueva vida con nuevos deseos. Sí, todavía luchamos con el pecado. La batalla aún no ha terminado. En el presente, el castigo por el pecado y el poder del pecado son derrotados en la vida de los cristianos. Sin embargo, hasta que estemos en el cielo no seremos inmunes al pecado. Todavía estamos en guerra: nuestra carne lucha con nuestro espíritu para caminar en obediencia a Jesús. Esta realidad es cierta tanto para las cristianas mayores como para las cristianas más jóvenes. Estamos juntas en la lucha.

Al abrir sus vidas la una hacia la otra, vivan en la libertad del evangelio. No están definidas por sus acciones pasadas, sino por la obra redentora de Cristo en sus vidas. Hablen libremente de cómo Él ha obrado en ustedes. Se necesita valor, pero vale la pena.

CUENTA TU HISTORIA

A continuación, encontrarás diez preguntas para responder y luego podrás compartir tus respuestas con el grupo. Es conveniente anotar tus respuestas para determinar de antemano de qué cosas es más importante hablar. Sé que no podemos contar toda nuestra historia (¡eso puede llevar tiempo!), pero siempre me sorprende de cómo esta sencilla actividad puede producir una relación de mentoría abierta y sincera. Es una excelente manera de conocerse unas a otras, y ayuda a comprender todos los demás temas que abordaremos en los próximos capítulos.

Preguntas para "Cuenta tu historia"

1. ¿Cómo te convertiste a Cristo? Si no estás segura de ser cristiana, ¿qué te impide creer en Jesús?

2. ¿Qué ministerio, persona o libro ha usado Dios para profundizar tu fe?

3. ¿Hay algún versículo, pasaje o libro de las Escrituras en particular que consideras importante en tu vida? ¿Por qué?

4. ¿De qué maneras disfrutas al servir en el ministerio? ¿Cuáles consideras que son tus dones espirituales? ¿Cómo has visto a Dios prepararte para el ministerio que te ha llamado a hacer?

5. ¿Cómo era tu familia? ¿Qué incidencia o influencia tiene tu relación con los miembros de tu familia en tu relación con Dios y con los demás?

6. Si eres soltera, ¿vives sola o tienes una compañera de cuarto? ¿Con quién vives la mayor parte del tiempo? ¿Cuáles son algunas de las luchas de la soltería que has experimentado y cuáles son algunos de los beneficios? Si estás casada, ¿cómo conociste a tu esposo? ¿Cómo describirías tu matrimonio? ¿Qué luchas has atravesado o enfrentas actualmente?

7. ¿Qué patrones de pecado luchas por vencer? ¿Tienes algún pecado no confesado en tu vida que necesitas abordar?

8. ¿Qué verdad acerca de Dios te sostiene en tiempos de pruebas o dificultades? ¿Qué pruebas han afectado tu vida y cómo has recibido el consuelo del Señor en medio de esas pruebas?

9. ¿Cómo ha cambiado tu vida conocer a Jesús? ¿Cómo describirías tu relación con Él en este momento de tu vida: vibrante, cálida, tibia, fría, indiferente, enojada o temerosa?

10. ¿Cómo te gustaría crecer en tu fe durante el próximo año? ¿En qué área en particular te gustaría ves avances?

Tómense unos momentos para orar la una por la otra y agradecer a Dios por la forma en que ha obrado en el pasado para darles fe y atraerlas a Él. Pídanle un crecimiento continuo en sabiduría, conocimiento y fe a medida que se reúnan durante los próximos nueve capítulos. Que el Señor las bendiga, las anime y las fortalezca a medida que crecen juntas en Cristo.

3

PRUEBA Y VERÁS

Conoce la Palabra de Dios

Dios nunca requiere la sumisión a un mandato nocivo. Ninguno de sus mandamientos es nocivo. Al dar un mandato que es para su gloria, está mandando algo que finalmente será para nuestro bien. Solo puede usar su autoridad para el bien.

—Jen Wilkin

Por lo general, no soy de las que leen instrucciones, sobre todo en lo que respecta a la electrónica. La mayoría de los dispositivos están hechos de tal manera que su funcionamiento parece bastante obvio, ¿verdad? Sin embargo, a veces mi renuencia a leer las instrucciones provoca cada vez más frustración y pérdida de tiempo. Cuando viajamos fuera de la ciudad hace unas semanas, mi hija y yo nos quedamos sin datos en el teléfono (un problema típico para nosotras dos). Decidimos conectar el teléfono de mi esposo al Bluetooth del automóvil para poder reproducir la música que queríamos: "Country Roads" de John Denver (para ser específica).

Hice todo lo que sabía hacer para conectar ese teléfono. Presionamos casi todos los botones, encendimos y apagamos el teléfono, desconectamos y volvimos a conectar el Bluetooth, desconectamos todos los demás teléfonos de la lista de dispositivos del automóvil. Nada funcionó. Al final, saqué el manual de instrucciones del automóvil y comencé a leer. Después de aproximadamente un minuto, leí: "Los dispositivos nuevos solo se pueden conectar cuando el automóvil está estacionado".

¡Qué alivio!

Todos mis intentos de averiguar qué estaba mal fueron en vano porque no entendía cómo funcionaba el automóvil. Aunque me consideraba bastante entendida en tecnología, mi comprensión era insuficiente. Necesitaba la sabiduría de la persona que fabricó el automóvil para saber realmente cómo funcionaba y entender por qué no estaba haciendo lo que yo quería que hiciera.

Así suele suceder con nuestras vidas, ¿no es cierto? Por lo general, pensamos que sabemos cómo funcionar mejor, pero luego nos frustramos cuando nuestra vida no funciona bien. Hay una buena razón. De hecho, no sabemos cómo funciona mejor. Por mucho que nos gustaría pensar que nos conocemos a nosotras mismas, nuestra comprensión es limitada. Somos seres creados, lo que significa que tenemos un Creador.

Dios sabe exactamente lo que necesitamos y nos ha revelado la verdad a través de su Palabra. La Palabra de Dios es como una luz en nuestro camino, una lámpara a nuestros pies; alumbra nuestro camino como ninguna otra cosa puede hacerlo (Salmos 119: 105). Por tal razón, dedicaremos este capítulo a considerar por qué la Palabra de Dios es tan importante para nuestro crecimiento espiritual, de qué formas la incredulidad nos aleja de la Biblia y las buenas nuevas para una vida llena de gracia.

SABIDURÍA PARA LA VIDA

Hay numerosas opciones disponibles para aprender la Palabra de Dios. En la iglesia escuchamos la Palabra predicada. En casa podemos leerla por nuestra cuenta. La mayoría de las iglesias tienen grupos pequeños donde se estudia la Biblia. Podemos memorizar y meditar pasajes para empaparnos del texto y llegar a conocer qué dice verdaderamente la Biblia.

Tenemos numerosos recursos y métodos de estudio a nuestra disposición, pero a menudo no los aprovechamos porque, en cierto sentido, no creemos que leer, estudiar, memorizar, meditar y aprender la Palabra de Dios sea tan importante. Nuestras vidas están ocupadas, estamos cansadas y, a veces, nos preguntamos si un libro antiguo tiene relevancia en la actualidad.

Por esa razón, comenzaremos por considerar la importancia, necesidad y relevancia de la Biblia. La Palabra de Dios puede hacer todas estas cosas y mucho más.

Te hace sabia para la salvación

Es posible que tengas una relación de mentoría, pero tal vez no estés segura de lo que crees sobre el cristianismo. O quizás te consideras cristiana, pero a veces te preguntas con temor: *¿Soy una verdadera creyente? ¿Tengo fe para salvación?* Cuando Pablo escribió a Timoteo acerca de su fe, mencionó que Timoteo conocía las Escrituras desde su niñez y que podían hacerlo "sabio para la salvación por la fe que es en Cristo Jesús" (2 Timoteo 3:15).

Si no sabes exactamente lo que crees, la mejor manera de comenzar es leer la Biblia por tu cuenta. Hay numerosos planes para ayudarte a leer la Biblia en un año, o puedes comenzar por estudiar un libro de la Biblia. Hay muchas guías de estudio excelentes que pueden ayudarte a leer un libro. ¡Pregunta a tu mentora cuáles son sus recomendaciones favoritas! Por lo regular, utilizo guías de estudio, y he descubierto que me ayudan a profundizar en la Palabra de Dios simplemente a través de las preguntas que plantean sobre el texto. En el apéndice de este libro, he proporcionado una lista de recursos para ayudarte a profundizar en la Biblia por tu cuenta.

Hace crecer tu relación con Dios

Se necesita tiempo para desarrollar todas las relaciones. Los amigos planifican momentos para reunirse y ponerse al día. Los cónyuges fortalecen su relación en las salidas nocturnas. Los miembros de la iglesia conversan durante las cenas que comparten. Desarrollar compañerismo con los demás lleva tiempo. Si queremos desarrollar una amistad con Dios, necesitamos tiempo en su presencia para que esa relación florezca. Leer la Biblia a diario nos da la oportunidad de conocer a Dios: ¿Qué le interesa? ¿Cómo responde? ¿A quién ama?

La Biblia por sí sola ofrece respuestas a estas preguntas, porque revela el carácter de Dios. No pienses en Dios como el amigo de una amiga. Puedes llegar a conocerlo por ti misma al leer, estudiar y meditar en su Palabra. ¡Qué regalo para nosotras poder conocerlo! Puede que te sorprendas de ver que Él es más maravilloso (y complejo) de lo que pensabas originalmente.

Te ayuda a luchar contra la tentación

Todas luchamos contra el pecado. La Biblia presenta historias de personas imperfectas: mentirosos, adúlteros, asesinos e idólatras. Leemos que estas historias se escribieron para nuestro beneficio: "Y estas cosas les acontecieron como ejemplo, y están escritas para amonestarnos a nosotros" (1 Corintios 10:1-13).

La Biblia revela nuestra propensión al pecado y además nos prepara para combatirlo. La Palabra de Dios actúa como una espada contra los ataques del diablo (Efesios 6:17). El salmista expresa: "En mi corazón he guardado tus dichos, para no pecar contra ti" (Salmos 119:11). Leer la Palabra a diario fortalece nuestra mente al fortalecer y preparar nuestro corazón para la batalla que de seguro enfrentaremos. Además de leer y estudiar la Biblia, memorizar pasajes bíblicos puede ayudarnos a preparar nuestra mente para la acción.

Trae avivamiento, sabiduría y gozo

¿Estás cansada? ¿No estás segura de qué hacer? ¿Necesitas sabiduría en algún área? Tómate un momento para leer las promesas de Salmos 19:7-8:

> La ley de Jehová es perfecta, que convierte el alma;
> El testimonio de Jehová es fiel, que hace sabio al sencillo.
> Los mandamientos de Jehová son rectos, que alegran el corazón;
> El precepto de Jehová es puro, que alumbra los ojos.

Perdemos mucho cuando dejamos de lado la Biblia. El refrigerio del alma no proviene de un atracón de Netflix, unas vacaciones de lujo u horas en las redes sociales. La sabiduría no proviene de leer todos los libros de autoayuda de la biblioteca. El gozo no proviene de conseguir la mejor alternativa. La iluminación espiritual no proviene de viajar por el mundo y tener nuevas experiencias.

¡Qué regalo nos ha dado Dios en su Palabra! Refrigerio, sabiduría, gozo e iluminación espiritual: estos son los tesoros que descubrimos al extraer las riquezas de la Palabra de Dios. Dios es la fuente de todo lo que necesitamos y nos ha dado su Palabra para que podamos experimentar una vida abundante y un gozo inagotable.

Nutre tu alma

El Salmo 1 dice que el hombre que se deleita en la ley del Señor es como un "árbol plantado junto a corrientes de aguas, que da su fruto en su tiempo, y su hoja no cae; y todo lo que hace, prosperará" (v. 3). Isaías 55 compara nuestro tiempo con el Señor con una fiesta en la que nuestra alma se deleita con manjares deliciosos (v. 2). Jesús señaló que permanecer en Él es más necesario que la comida o el agua, porque sin Él nada podemos hacer (Juan 15:1-5). Sin embargo, en Cristo podemos hacer todas las cosas (Filipenses 4:13).

Hoy día se habla mucho en el mundo sobre el cuidado personal. Hay gran cantidad de artículos y libros sobre la necesidad de comer bien, dormir bien y tomarse tiempo para hacer ejercicio. Si bien todas estas cosas son importantes para mantener un cuerpo físico saludable, nuestra alma necesita cuidado. La Palabra de Dios es alimento y sustento para tu alma como lo es la comida sana para tu cuerpo. En un mundo que te anima a "consentirte", el regalo más importante que puedes hacerte es pasar tiempo con Jesús en su Palabra.

Te consuela

Cada una de nosotras sufrirá. Muchas de las falsas garantías de felicidad y tranquilidad son el resultado de promesas mal aplicadas, que nacen de una escasa comprensión de la Palabra de Dios. Conocer las promesas de Dios, en el pleno contexto de su Palabra, nos ayuda a poner nuestra esperanza en Dios y encontrar consuelo para nuestras almas en los tiempos de dificultad y angustia. El salmista proclama: "Ella es mi consuelo en mi aflicción, porque tu dicho me ha vivificado" (Salmos 119:50). Cuando los vientos de tormenta soplen con más fuerza, estaremos agradecidas por el ancla amarrada en lo profundo de las promesas de Dios.

Te transforma a semejanza de Cristo

Cuando estaba en la universidad, viví con la misma compañera de cuarto durante cuatro años. Con el tiempo, empezamos a parecernos, a hablar y a usar gestos similares. El tiempo juntas hizo que nos asemejáramos la una a la otra. De manera similar, el tiempo con Jesús nos hace semejantes a Jesús. La Biblia no es solo un libro de texto que nos enseña cosas ciertas sobre Jesús. Es viva y eficaz. De hecho, conocemos a Jesús mientras pasamos tiempo en la lectura de su Palabra.

Vivimos en la era de la información. Sin embargo, el ingenio más brillante de los hombres o las mujeres proviene de la mente de seres creados. En la Biblia tenemos acceso a la sabiduría de un Dios infinito y Creador, el que conoce todas las cosas y conoce el principio desde el fin. Qué privilegio venir y aprender de Él. ¡No te lo pierdas! A medida que nuestra mente se renueva, nuestra vida se transforma (Romanos 12:2).

Te bendice para que seas de bendición

A medida que la Biblia nos transforma, nos convertimos en ejemplos vivos de Jesús para el mundo que nos rodea. Testificamos acerca de nuestra fe, ayudamos a los pobres, trabajamos con diligencia, tenemos misericordia de otros, amamos incondicionalmente, perdonamos a los que pecan contra nosotras, confesamos nuestros pecados y brillamos como luces en un mundo oscuro y hastiado. Si queremos influenciar al mundo, primero debemos dejarnos influenciar por la Palabra.

Si tienes sed y quieres más, estás invitada a una fiesta. Por todos estos beneficios, y muchos más, Dios invita:

> A todos los sedientos: Venid a las aguas; y los que no tienen dinero, venid, comprad y comed. Venid, comprad sin dinero y sin precio, vino y leche. ¿Por qué gastáis el dinero en lo que no es pan, y vuestro trabajo en lo que no sacia? Oídme atentamente, y comed del bien, y se deleitará vuestra alma

con grosura. Inclinad vuestro oído, y venid a mí; oíd, y vivirá vuestra alma (Isaías 55:1-3).

ENTRE VACILACIONES E INCREDULIDAD

Con todos estos beneficios, podrías pensar que la lectura de la Biblia debe de ser una prioridad absoluta. Sin embargo, un estudio de Barna de 2017 reveló que, si bien el 87% de los hogares estadounidenses tiene una Biblia, solo el 20% de las personas están comprometidas con la Biblia, lo que significa que leen, usan o escuchan la Biblia cuatro veces por semana o más.[1] Esta es nuestra verdadera situación: tenemos acceso a la Palabra de Dios, pero no la leemos con regularidad en nuestros hogares.

¿Por qué no leemos la Palabra de Dios? Para cada persona, las razones pueden ser diferentes, pero creo que hay algunas objeciones comunes, susurros de incredulidad que musitamos a nuestros propios oídos, en vez de escuchar la sabiduría de Dios.

Objeción 1: "No tengo tiempo"

Ya sé. Ya sé. Es muy difícil pensar en agregar algo más a tus días ya repletos de actividades en los que luchas por sobrevivir. Yo también pienso igual. La vida consume mucho tiempo. Hay trabajo que hacer, amistades que ver, libros que leer, servicio que ofrecer y placeres que disfrutar. Puede que nos sintamos abrumadas, pero tenemos que ser bastante valientes para declarar esta verdad a nuestros propios oídos:

No tengo un problema de trajín. Tengo un problema de creencias.

Pasamos nuestra vida en lo que realmente creemos que nos traerá satisfacción. Si se trata de nuestra familia, haremos de nuestro hogar el centro de nuestro mundo. Si es nuestro trabajo, lucharemos y trabajaremos hasta altas horas de la noche para terminarlo. Si se trata de nuestro bienestar, buscaremos comida, vacaciones,

---

1. "State of the Bible 2017: Top Findings," sitio web de Barna, 4 de abril de 2017, consultado el 31 de julio de 2019, https://www.barna.com/research /state -bible-2017-top-findings/.

entretenimiento y placeres que nos satisfagan. Somos criaturas sedientas en busca de satisfacción. Tomaremos un trago de la fuente que más creamos que nos ofrece alivio.

Necesitas a Jesús. Lucha por pasar tiempo con Él. Cree que Él es lo único que necesitas y confía en Él para todo lo demás. Y sabe esto: Él no te hará faltar en tus otras áreas de necesidad. Él las llenará de una manera tan maravillosa que estarás más feliz en tus relaciones, tu trabajo y tu bienestar, porque primero has buscado tu satisfacción en Él.

Objeción 2: "Siempre termino por claudicar y me frustro"

No dejes que tu pasado te atemorice. La perfección no es el objetivo. En cambio, trata de desarrollar patrones saludables de lectura de la Biblia. Quizás este año logres llegar un poco más lejos que el año pasado. Y tal vez el próximo año termines esa guía de estudio o plan de lectura de la Biblia. No renuncies antes de haber comenzado por temor al fracaso. Puedes llegar a ser una mujer que lea la Biblia con regularidad, y cada intento vale la pena.

Si has tenido problemas con la lectura diaria de la Biblia en el pasado, te animo a buscar algunas amigas y traten de leer la Biblia juntas. Nuestro pastor asistente hizo esto con un grupo de nosotros hace unos años. Formamos un grupo privado de Facebook, y una vez cada pocos meses él se registraba para ver cómo nos iba y hablábamos de lo que estábamos aprendiendo. Así como el ejercicio es más fácil cuando lo haces con una amiga, la lectura regular de la Biblia florece en una comunidad de amor. No permitas que el temor al fracaso te impida disfrutar a Dios de otra manera.

Objeción 3: "Me aburro y me confunde"

Sí, lo más probable es que te aburras o te confundas en algún momento. A mí siempre me pasa. Sigue leyendo. A veces, la lentitud del relato te despierta repentinamente al evangelio de una manera nueva. O puedes pasar días confundida y luego una pequeña referencia a otra parte te trae claridad. *Deja que la confusión despierte tu curiosidad.*

El verdadero aprendizaje tiene lugar cuando todo parece oscuro. Por eso los maestros siempre dicen que "se enciende una luz" en los ojos de alguien. Estar a ciegas es solo un momento antes que se encienda la luz. Sigue leyendo. El Espíritu es tu maestro y la Palabra está viva. Dios se revelará a ti.

Objeción 4: "Ya sé mucho acerca de Dios y la Biblia"

Tal vez la mayoría de nosotras no diría esta objeción en voz alta. Sin embargo, en algún lugar de nuestro corazón escuchamos el falso susurro: *Tú ya conoces a Dios; ¿Por qué necesitas saber más sobre Él?*

Nuestro sentimiento de suficiencia en nuestro entendimiento es probablemente la evidencia más convincente de lo poco que conocemos a Dios. Pablo (que claramente conocía a Dios) dijo a los filipenses: "Quiero conocer a Cristo" (Filipenses 3:10 NTV). Los santos más maduros son a menudo los que se dan cuenta de lo poco que conocen a Dios. Cuanto más leen, más exclaman: ¡Oh profundidad de las riquezas de la sabiduría y de la ciencia de Dios! ¡Cuán insondables son sus juicios, e inescrutables sus caminos! (Romanos 11:33).

Han probado la bondad de Dios y quieren más.

Dios es el sujeto de toda la eternidad y podemos pasar toda la vida buscando conocerlo más. Como explicó el autor puritano John Flavel:

> El conocimiento de Cristo es profundo y amplio; todas las demás ciencias no son más que sombras. Es un océano sin límites y sin fondo; ninguna criatura tiene una cuerda suficientemente larga para medir su profundidad. La Biblia le adjudica una anchura, una longitud, una profundidad y una altura. Sí, trasciende todo conocimiento. Aunque un poco de Cristo se manifiesta en una época y otro poco en otra, la eternidad misma no puede manifestarlo completamente. Es en el estudio acerca de Cristo, como el asentarse un país recién descubierto. Al principio los hombres se sientan a la orilla del mar, sobre los acantilados y las fronteras del país, y allí se asientan. Pero de a poco, se adentran más y más hacia el centro del país. ¡Ah,

> el mejor de nosotros sigue apenas en las fronteras de este vasto continente! El estudio de Jesucristo es el tema más noble al que jamás se haya dedicado el alma.[2]

No hay mejor objetivo que conocer a Dios. No te detengas antes de empezar. Planifica este año conocerlo de una manera nueva a través de su Palabra.

CAMINAR POR FE: BUENAS NUEVAS PARA UNA VIDA LLENA DE GRACIA

Hace años realizaba sola un viaje de tres horas en automóvil de regreso a Charlotte después de visitar a mis padres. Conocía bien la ruta de aquella autopista, así que puse el automóvil en control de crucero y empecé a escuchar música. En un momento del camino, comencé a notar algo extraño. El camión que venía detrás de mí parecía seguirme. Siempre que yo aceleraba o desaceleraba, él hacía lo mismo. Siempre que yo cambiaba de carril, él hacía lo mismo. Comenzó a preocuparme y me pregunté: *¿Por qué me sigue?*

Cuanto más conducía, más incómoda me sentía. La tensión aumentó cuando comenzó a llover y el crepúsculo se convirtió en oscuridad. Mientras me esforzaba por ver el camino delante de mí, agarré el volante firmemente con las dos manos. En lugar de conducir relajada, estaba todo el tiempo consciente de su presencia.

En un momento, de repente me di cuenta de por qué sentía tanta tensión en mis ojos: ¡las luces de mi automóvil estaban apagadas! Había estado conduciendo en la oscuridad y la lluvia sin luz. Rápidamente encendí las luces y tan pronto como lo hice, ¿adivinen qué pasó? De inmediato, el camión siguió su camino. En ese momento, me di cuenta de mi error. Pensé que me había estado siguiendo con malas intenciones. Sin embargo, en realidad me había estado siguiendo para protegerme, porque estaba preocupado por mí y quería asegurarse de que yo estuviera a salvo.

La Palabra de Dios se parece mucho a ese camión. Muchas veces, tememos a la Palabra de Dios y sentimos que nos persigue

---

2. John Flavel, "The Fountain of Life," en *Voices from the Past: Puritan Devotional Readings*, ed. Richard Rushing (Edimburgo: Banner of Truth, 2009), 5.

cuando nos muestra de cuántas maneras fallamos. Si bien la Biblia nos muestra nuestro pecado, no es para hacernos sentir sin esperanza, ¡es para mostrarnos las buenas nuevas del evangelio! La Biblia ilumina nuestra necesidad de Jesús para que lo busquemos como nuestro Salvador.

Una vez que el Espíritu Santo abre nuestros ojos a través de la fe y enciende las luces, tenemos una nueva relación con la Palabra de Dios. Puede convencernos de pecado, pero ya no nos condena. La Palabra de Dios se convierte en un camino que debemos seguir mientras vivimos por el Espíritu. Podemos acudir a la Biblia con deleite y no con temor, porque sabemos que la Palabra está ahí para protegernos, no para hacernos mal.

Nuestra fidelidad en la lectura de la Biblia no nos hace ganar el favor de Dios. En caso de que te lo estés preguntando, no hay ningún ángel en el cielo con un gráfico estelar que lleve un registro de quién leyó la Biblia hoy. Dios no te ama más porque hayas leído la Biblia de principio a fin; Dios te acepta por completo por los méritos de la perfecta obediencia de Cristo. Si estás en Cristo, estás revestida de su justicia. Eres perfeccionada por su sangre, no por la lectura de la Biblia.

Ahora, ¿cómo puedo estar segura de esta verdad? *Lo leí en la Biblia.*

No pasamos tiempo con Dios para que nos ame más. Pasamos tiempo en la Palabra porque necesitamos recordatorios diarios de su amor. No pasamos tiempo con Dios para que nos muestre su favor. Pasamos tiempo en la Palabra porque necesitamos recordatorios de su favor inmerecido.

Somos criaturas olvidadizas, que intentamos sobrevivir con las migajas del mundo, cuando Él nos ofrece un festín. No quiero que leas la Biblia para que creas que vives a la altura de algún tipo de norma moral. Espero que leas la Biblia para que disfrutes del gozo de conocer a Dios.

Sin embargo, como en todas las relaciones, se requiere esfuerzo. Es normal que algunos días no tengas ganas de leer la Biblia. Está bien, no por eso dejes de leerla. No es legalista leer la Biblia incluso cuando no tienes ganas. Planificar encontrarte con Dios todos los días es similar a planificar una cita regular para almorzar con una amiga. Hacemos el esfuerzo cuando queremos desarrollar una relación. Decidir tener un encuentro con Jesús cada día es un acto fiel de fe. Desistimos de nuestros propios esfuerzos y pensamos: *Lo que más necesito es un tiempo para escuchar a Dios hablarme a través de su Palabra.*

Comenzamos escuchando su Palabra y luego la obedecemos. La noche antes de morir, Jesús enseñó a sus discípulos: "Como el Padre me ha amado, así también yo os he amado; permaneced en mi amor. Si guardareis mis mandamientos, permaneceréis en mi amor; así como yo he guardado los mandamientos de mi Padre, y permanezco en su amor. Estas cosas os he hablado, para que mi gozo esté en vosotros, y vuestro gozo sea cumplido" (Juan 15:9-11).

Tómate un momento para considerar la relación entre el amor, la obediencia y el gozo. Jesús no te está llamando a obedecer su Palabra para que tengas una vida desdichada. ¡Él quiere que permanezcas en su amor y tengas plenitud de gozo! Dios no nos da su Palabra para impedir que disfrutemos de la vida. Él nos da su Palabra para que podamos caminar en abundancia de vida.

Podemos pensar que sabemos cómo funcionamos mejor, pero no es así. Jesús nos da su Palabra y nos muestra cómo vivir. El Espíritu nos guía en todas estas cosas para que podamos ser tanto oidoras como hacedoras de la Palabra. Que podamos caminar por fe al escuchar la Palabra, obedecer la Palabra y deleitarnos en la Palabra.

ANTES DE REUNIRSE: HERRAMIENTAS PRÁCTICAS PARA AYUDARTE A CRECER

Los Navegantes es un ministerio que tiene excelentes recursos. Soy una aprendiz visual, por lo que una ilustración que me ha resultado útil es "La mano de la Palabra". Busca este diagrama en línea (el enlace se encuentra en las notas).[3] ¿Cuál de esas formas de asimilar la Palabra de Dios te gustaría utilizar el próximo mes?

Si estás buscando una manera de ayudarte a memorizar las

---

3. "La mano de la Palabra," sitio web de Los Navegantes, consultado el 20 de junio de 2021, https://losnavegantes.net/wp-content/uploads/2015/10/la-mano-PALABRAnew.gif.

Escrituras con tu teléfono, "Fighter Verses" es una aplicación que podrías obtener.[4]

Si deseas leer la Biblia en un año, te recomiendo un plan de lectura bíblica de cinco días que se describe en detalle en el sitio web de Coalición por el Evangelio.[5]

Otro sitio que tiene excelentes recursos para ayudarte a estudiar la Biblia por tu cuenta es "Risen Motherhood" (¡no es solo para mamás!). El sitio ofrece hojas de estudio para guiarte mientras lees.[6]

Dedica unos diez minutos para buscar algunos de esos sitios web antes de la reunión. Si estás buscando un estudio bíblico, he enumerado algunas opciones en el apéndice para tu consideración. Hay excelentes estudios que pueden ayudarte a estudiar la Biblia.

DURANTE LA REUNIÓN: PREGUNTAS PARA RESPONDER

1. En una escala del 1 al 10, donde 1 es poco placentero y 10 muy placentero, ¿qué tan placentero es leer la Biblia por tu cuenta?

2. ¿Cómo estudias la Biblia? ¿La lees en un año, usas una guía de estudio o la lees por tu cuenta? ¿Hay alguna guía de estudio que hayas utilizado en el pasado que te haya ayudado a estudiar la Palabra de Dios?

3. De los ocho beneficios de la lectura de la Biblia, ¿cuál has experimentado más? ¿Hay algún beneficio que te cueste ver en tu vida?

4. ¿De qué manera te ha consolado la Palabra de Dios en tiempos difíciles o te ha ayudado a luchar contra la tentación? ¿Hay

---

4. https://www.avivanuestroscorazones.com/joven-verdadera/blog/usa-tu-smartphone-sabiamente-5-apps-que-edifican/.

5. https://www.coalicionporelevangelio.org/articulo/aprovecha-bien-el-tiempo-un-plan-de-lectura-biblica/.

6. "Abide: Free Tools for Studying God's Word," sitio web de Risen Motherhood, consultado el 1 de agosto de 2019, https://www.risenmotherhood.com/bible-study-worksheets (recurso solo disponible en inglés). El libro *Maternidad redimida* está disponible en español de la Editorial Portavoz: https://www.portavoz.com/mujeres/maternidad-redimida/.

algún versículo en particular al que recurras en las pruebas? ¿Tentaciones?

5. ¿Cuáles de las objeciones enumeradas en el capítulo te impiden leer la Biblia con regularidad?

6. En el próximo año, ¿cómo te gustaría crecer en el conocimiento de la Biblia? Conversen también sobre cómo responsabilizarse mutuamente para ayudarte a crecer en el conocimiento de la Biblia. Les podría gustar:

   - ¿Memorizar una cierta cantidad de versículos?
   - ¿Leer la Biblia todos los días?
   - ¿Estudiar un libro de la Biblia más a fondo?
   - ¿Obedecer la Palabra de Dios de cierta manera?

HASTA LA PRÓXIMA REUNIÓN: CÓMO CRECER EN PIEDAD

Según lo conversado, considera un área en la que te gustaría hacer un cambio antes de la próxima reunión. Podría ser comenzar a hacer algo que te ayude a crecer espiritualmente o dejar de hacer algo que está impidiendo el crecimiento espiritual. Escríbelo en el espacio de abajo y habla de ello en la próxima reunión.

4

LA IGLESIA

Nuestro hogar lejos de casa

La iglesia no es una invención humana... La iglesia está establecida por Cristo, protegida y sustentada por Cristo, gobernada por Cristo y existe para la gloria de Cristo. Debido a ello, la iglesia tampoco es opcional... La iglesia es fundamental para la identidad de todos los que pertenecen a Cristo.

—MEGAN HILL

Hace años, cuando mi esposo estaba cursando su doctorado en la Universidad de Edimburgo, mis padres nos llevaron a hacer un recorrido en autobús por Europa como regalo sorpresa de Navidad. Fue el mejor regalo para dos personas que viven en el extranjero y que disponen de mucho tiempo, pero poco dinero. Viajamos y visitamos sitios por toda Inglaterra, Francia, Italia, Austria, Suiza y los Países Bajos. En cada ciudad que visitábamos, siempre había una iglesia o una catedral en nuestro recorrido. Eran típicamente grandes y recargadas de ornamentos, con hermosos vitrales, que representaban alguna historia bíblica.

Cuando llevábamos unos seis días del viaje de diez días, perdimos el interés en las catedrales. Era como la mentalidad que dice "si has visto una, las has visto todas". Cuando pienso en todos los años que llevó construir cada uno de esos edificios y la hermosa obra de arte en cada detalle, me resulta un poco vergonzoso que pudiéramos perder el interés tan rápidamente. Sin embargo, después de ver tantas catedrales, dimos por descontada aquella grandeza y queríamos seguir viendo otras cosas.

Cuando pensamos en la iglesia en la vida de un cristiano, es muy fácil hacer lo mismo que hicimos en nuestra gira europea. Nos aburrimos rápidamente y nos sentimos insatisfechos o simplemente la damos por descontada. No me refiero al edificio al que vamos, sino a las personas que están dentro. Aunque normalmente pensamos en una iglesia como una estructura o un lugar de reunión, la verdadera iglesia es a lo que la Biblia se refiere como el pueblo de Dios. Las iglesias (los edificios) recibieron ese nombre porque ese es el lugar donde la iglesia (el pueblo de Dios) se reunía para adorar a Dios.

Puede que tengas una relación complicada con la iglesia. Es fácil estar descontenta con el pueblo de Dios y pensar: *Si has visto una, las has visto todas*. Quizás eres una *herida por la iglesia*: las personas te han lastimado o te han decepcionado y tu confianza en la iglesia está en su punto más bajo. Quizás eres una *cansada de la iglesia:* fatigada y agotada por la rutina de ir y venir, y participar en ella no parece influir tanto en tu vida. Tal vez te estés preguntando si tú necesitas a la iglesia o si ella te necesita a ti. O tal vez eres una *insatisfecha con la iglesia* y miras hacia fuera y te preguntas si hay algo mejor en la iglesia de la otra cuadra. Espero que algunas de ustedes sean las *sanas en la iglesia*: agradecidas de ser parte de un cuerpo de creyentes centrado en el evangelio que se aman y se sirven unos a otros. Y tal vez seas alguna combinación de todo lo anterior.

Cualquiera que sea tu relación actual con la iglesia, dedicaremos este capítulo a analizar por qué la iglesia es tan importante en la vida de un creyente. Con las nuevas tecnologías como los podcasts y las transmisiones en vivo, es posible que te preguntes si necesitas ser parte de una iglesia. Es fácil preguntarse: *¿No puedo sintonizarme cuando me convenga?* En este capítulo queremos considerar el propósito bíblico de la iglesia, las razones por las que nos alejamos de la iglesia y cómo es edificar con gracia nuestras vidas como miembros del pueblo de Dios.

SABIDURÍA PARA LA VIDA

Si bien los Evangelios cuentan el relato histórico de la vida de Jesús en la tierra, el libro de los Hechos cuenta la historia de la iglesia primitiva. Jesús ascendió al cielo y luego el Espíritu descendió en Pentecostés al ungir a los discípulos con lenguas de fuego y hacerles el llamado divino de edificar la iglesia y cumplir la Gran Comisión. Sin embargo, no agarraron martillos y clavos y empezaron un proyecto de construcción. En cambio, comenzaron a predicar las buenas nuevas del evangelio. A medida que la Palabra de Dios se difundía a través de su mensaje, las personas llegaban a la fe. Hechos 2:41-47 describe lo que sucedió:

> Así que, los que recibieron su palabra fueron bautizados; y se añadieron aquel día como tres mil personas. Y perseveraban en la doctrina de los apóstoles, en la comunión unos con otros, en el partimiento del pan y en las oraciones. Y sobrevino temor a toda persona; y muchas maravillas y señales eran hechas por los apóstoles. Todos los que habían creído estaban juntos, y tenían en común todas las cosas; y vendían sus propiedades y sus bienes, y lo repartían a todos según la necesidad de cada uno. Y perseverando unánimes cada día en el templo, y partiendo el pan en las casas, comían juntos con alegría y sencillez de corazón, alabando a Dios, y teniendo favor con todo el pueblo. Y el Señor añadía cada día a la iglesia los que habían de ser salvos.

¡En ese primer día de predicación, tres mil personas creyeron el mensaje y fueron bautizadas! Comenzaron a reunirse y a dedicarse a la enseñanza de la Palabra de Dios y a la comunión fraternal, participaban juntos de la Cena del Señor, oraban unos por otros y cuidaban unos de otros en su necesidad, mientras alababan a Dios. Esta descripción es un retrato de la iglesia.

Lo que me sorprende es que después de dos mil años, aunque la iglesia pudo haber crecido y extendido a varias culturas y continentes, los componentes básicos de la iglesia permanecen. La iglesia es nuestro hogar como creyentes. No alcanza con ser parte de la iglesia invisible (compuesta por verdaderos creyentes de todo el mundo); debemos comprometernos con una iglesia local que crea en la Biblia. Es donde nos bautizamos, celebramos la Santa Cena, escuchamos la Palabra de Dios, tenemos compañerismo, oramos y adoramos a Dios. Algunas iglesias son grandes, otras están compuestas por pocas familias, pero todas comparten un mensaje común (el evangelio), un lenguaje común (la oración) y símbolos comunes del pacto (la Santa Cena y el bautismo).

Si bien la iglesia puede parecer algo común (como me sentí con las catedrales en mi viaje por Europa), es importante que no la demos por descontada. La obra de Dios se ve en cada persona que Él salva. Dios está diseñando y elaborando algo mucho más majestuoso que un edificio físico. Está formando vidas que juntas constituyen un hermoso reflejo de su Hijo. Somos parte de algo más grande que nosotros mismos. Juntos irradiamos una luz tal que no podemos prescindir los unos de los otros. Si encuentras una pieza de vidrio de color, puedes mirarla por un momento y verla como una baratija; pero cuando la colocas junto con otras piezas, revela una historia gloriosa. Estás incompleta sin la iglesia y la iglesia está incompleta sin ti.

La Biblia explica las razones por las que cada una de nosotras necesita la iglesia: necesitamos la enseñanza, la supervisión, el compañerismo y el ministerio de la iglesia.

Enseñanza e instrucción

En la mayor parte del mundo occidental tenemos la bendición de disponer de la Biblia en nuestro propio idioma. No dependemos de que alguien nos lea la Palabra de Dios para poder aprender de ella. Sin embargo, aún así necesitamos escuchar predicaciones y enseñanzas de la Palabra, y necesitamos pastores que nos guíen en la verdad. Tal como Pablo escribió a la iglesia de Éfeso:

> Y él mismo constituyó a unos, apóstoles; a otros, profetas; a otros, evangelistas; a otros, pastores y maestros, a fin de perfeccionar a los santos para la obra del ministerio, *para la edificación del cuerpo de Cristo*, hasta que todos lleguemos a la unidad de la fe y del conocimiento del Hijo de Dios, a un varón perfecto, a la medida de la estatura de la plenitud

> de Cristo; para que ya no seamos niños fluctuantes, llevados por doquiera de todo viento de doctrina, por estratagema de hombres que para engañar emplean con astucia las artimañas del error, sino que siguiendo la verdad en amor, *crezcamos en todo en aquel* que es la cabeza, esto es, Cristo, de quien todo el cuerpo, bien concertado y unido entre sí por todas las coyunturas que se ayudan mutuamente, *según la actividad propia de cada miembro, recibe su crecimiento para ir edificándose en amor* (Efesios 4:11-16).

Hay muchas verdades en este pasaje, algunas de las cuales vimos en el capítulo 1. Dios pone en la iglesia pastores y maestros para perfeccionarnos para el ministerio, de modo que podamos edificarnos unos a otros en la unidad de la fe y el conocimiento. Necesitamos la enseñanza bíblica para poder servir y animar a los demás. Estamos unidas: cómo me va a mí afecta a cómo te va a ti. Es imposible estar en unión con Cristo y no estar unidos con todas las demás partes de su cuerpo.

Es en la iglesia donde encontraremos a estos pastores y maestros, que nos enseñan tanto con sus palabras como con su ejemplo. Hebreos 13:7 nos instruye: "Acordaos de vuestros pastores, que os hablaron la palabra de Dios; considerad cuál haya sido el resultado de su conducta, e imitad su fe". Actualmente, podemos escuchar y aprender de maestros de todo el mundo. Sin embargo, una cosa es escuchar la enseñanza de la Palabra. Otra es ver el amor, el gozo, la paz, la paciencia, la benignidad, la bondad, la fe, la mansedumbre y la templanza en acción. Observar la personificación de estas cualidades nos da la oportunidad de imitar la fe de nuestros pastores. No es suficiente escuchar un sermón en línea o ver uno que otro podcast. Cuando conocemos a los líderes de nuestra iglesia, aprendemos tanto de su instrucción como de sus vidas.

Supervisión y autoridad

Ni supervisión ni autoridad son palabras populares en este momento. Los memes proclaman "Rechaza toda autoridad" y "Las reglas están hechas para romperse". La mayoría de los niños no tienen ningún reparo en decir a los demás: "Tú no eres mi jefe".

Sin embargo, así como los niños necesitan padres, la iglesia necesita líderes y pastores. La autoridad no se otorga para alimentar el orgullo del líder, sino para proteger a quienes lidera. Pablo instruyó a los líderes: "Por tanto, mirad por vosotros, y por todo el rebaño en que el Espíritu Santo os ha puesto por obispos, para apacentar la iglesia del Señor, la cual él ganó por su propia sangre. Porque yo sé que después de mi partida entrarán en medio de vosotros lobos rapaces, que no perdonarán al rebaño. Y de vosotros mismos se levantarán hombres que hablen cosas perversas para arrastrar tras sí a los discípulos" (Hechos 20:28-30).

Se han establecido líderes para cuidar a la iglesia, pero también es importante ver que habrá entre nosotros falsos maestros (Pablo los llama lobos rapaces) que hablarán cosas perversas. ¿Cómo podemos nosotros, como ovejas, reconocer la diferencia? Necesitamos el discernimiento que solo puede venir del tiempo en la Palabra de Dios. Primero debemos conocer la voz de Jesús, nuestro buen pastor. Si alguien habla cosas contrarias a las palabras de Jesús, no lo seguimos. Si un líder espiritual te dice que hagas algo que las Escrituras dicen que no debes hacer, corre hacia el otro lado.

En contraste, los líderes piadosos nos dicen cosas duras que son para nuestro bien conforme a la Palabra de Dios. Puede que no nos guste lo que dicen cuando sus enseñanzas arrojan luz sobre patrones pecaminosos en nuestra vida, pero tenemos que escucharlos. Dicen la verdad y la dicen con amor para que andemos en el Espíritu, no en la carne (Gálatas 5:13-26).

Quizás te estés preguntando: *¿Cómo es un líder piadoso?* y *¿Qué clase de líderes tenemos en la iglesia?* Pablo hizo una descripción a Timoteo al explicarle los dos roles de liderazgo en la iglesia: obispos (a menudo llamados ancianos) y diáconos:

> Pero es necesario que el obispo sea irreprensible, marido de una sola mujer, sobrio, prudente, decoroso, hospedador, apto para enseñar; no dado al vino, no pendenciero, no codicioso de ganancias deshonestas, sino amable, apacible, no avaro... Los diáconos asimismo deben ser honestos, sin doblez, no dados a mucho vino, no codiciosos de ganancias deshonestas (1 Timoteo 3:2-8).

Observa algunas de estas características: prudente, amable, no codicioso de ganancias deshonestas, no dado al vino, no avaro. Estos líderes deben ser irreprensibles. No debemos seguir a cualquier persona que se nos presente. Debemos examinar tanto su doctrina (lo que creen acerca de Dios) como sus vidas. Estos son los líderes a quienes seguimos, escuchamos y buscamos alentar en su servicio. Ellos nos sirven con su trabajo y nosotros los servimos con nuestras oraciones. Necesitamos su supervisión y autoridad en nuestras vidas.

Compañerismo y ayuda

En diciembre pasado, me llamó mi amiga Lauren. Pude escuchar el pánico en su voz tan pronto como levanté el teléfono. Estaba embarazada de mellizos, así que pensé que podría estar corriendo al hospital porque se le había adelantado el parto. Sabía que su esposo, Joel, saldría de la ciudad ese día, así que me pregunté si podría necesitar ayuda. Sin embargo, ella no estaba en el hospital; estaba en el pediatra con sus otros dos hijos, Caroline de cuatro años y Jennings de dos años. Había llevado a Jennings al médico porque había estado enfermo durante los últimos meses y no mejoraba. El médico decidió realizar algunos análisis de sangre adicionales, y regresó con una noticia espantosa y terrible: "Jennings tiene leucemia".

Internaron a Jennings de inmediato en el hospital de niños y comenzó la quimioterapia al día siguiente. Estaría internado en el hospital durante seis semanas.

¿Mencioné que Lauren también estaba embarazada de gemelos y tenía una hija de cuatro años? Tres semanas después que Jennings comenzara el tratamiento, Lauren cambió de piso del hospital para dar a luz a dos gemelos sanos. Mientras tanto, cuando regresaron las pruebas, los médicos les informaron que Jennings tenía una especie rara de leucemia. Requería un tratamiento más difícil y mudarse a Memphis para un trasplante de médula ósea.

Era inimaginable: mudarse a Memphis con cuatro niños menores de cuatro años, de los cuales uno de ellos luchaba contra una enfermedad que amenazaba su vida y requería atención constante.

No podían llevar esa carga solos. Veinticuatro horas después del diagnóstico inicial, un grupo de quince miembros de la iglesia nos reunimos en la sala de mi casa. Durante las siguientes dos horas hablamos de cada tipo de ayuda física que pudimos pensar y dividimos las tareas, desde sacar la basura de la familia a la calle hasta organizar las comidas, tanto en el hospital como en la casa. Cada persona en esa reunión desempeñó un rol vital en la montaña de necesidades físicas que se acumularían durante los próximos seis meses. No podíamos sanar a Jennings, pero podíamos ayudar a su familia.

Cuando se mudaron a Memphis, la iglesia allí, personas que Lauren y Joel nunca habían conocido, les llevaban comida, llevaban a su hija a la piscina, oraban por ellos, los visitaban y se ofrecieron a ayudarlos en todo lo que pudieran. En medio de tantos momentos terribles, la iglesia (tanto en Charlotte como en Memphis) rodeó a esta familia. No podíamos rescatarlos, no podíamos responder las preguntas del *por qué,* no podíamos sanar el cáncer; pero podíamos estar allí y estar junto a ellos en la prueba.

No sé cómo la gente sobrevive sin la iglesia. Y no es solo en los momentos tan difíciles de la vida, como los que enfrentó mi amiga Lauren; sino en los momentos cotidianos de la vida. Necesito personas que me recuerden la verdad y me ayuden a andar en la verdad. Necesito amigas que se gocen conmigo cuando estoy alegre y lloren conmigo cuando estoy triste. Necesito estar con ellas y adorar a Dios todas las semanas. No podemos vivir la vida solas. Sin embargo, muchas de nosotras lo intentamos.

Hebreos nos exhorta: "Y considerémonos unos a otros para estimularnos al amor y a las buenas obras; no dejando de congregarnos, como algunos tienen por costumbre, sino exhortándonos; y tanto más, cuanto veis que aquel día se acerca" (Hebreos 10:24-25). El compañerismo y la ayuda que tenemos para ofrecernos unos a otros son diferentes a los de cualquier otro grupo social, club o comité. Colectivamente, somos un cuerpo de personas que esperan juntas el regreso de Cristo. La iglesia es una pequeña muestra del hogar en medio de nuestro viaje por una tierra extranjera. No te la pierdas. No es perfecta, pero es familia.

Misión y ministerio

La iglesia no es solo un grupo de amigos que esperan juntos hasta que Jesús regrese. Somos personas con una misión. Hay un mundo entero de personas que no conocen las buenas noticias. Como individuos, podemos hacer mucho; pero como iglesia, podemos ir por todo el mundo y testificar de Jesús. Para ti, podría significar amar a un pequeño niño todo el día o trabajar en un bufete de abogados y hacerte amiga de tus compañeras de trabajo. Tu trabajo puede permitirte apoyar a la mujer que se mueve por el mundo para hablar de Jesús a una mujer que nunca ha escuchado su nombre. Una persona puede pasar años aprendiendo griego para enseñar en la iglesia, mientras que otra puede mudarse cerca de un comedor comunitario para servir a los pobres. Ambas están sirviendo a Jesús. Ambas se necesitan mutuamente, "porque de la manera que en un cuerpo tenemos muchos miembros, pero no todos los miembros tienen la misma función, así nosotros, siendo muchos, somos un cuerpo en Cristo, y todos miembros los unos de los otros" (Romanos 12:4 -5). No competimos entre nosotras; más bien, nuestros roles diferentes complementan lo que falta a la otra. Sola, puedo ser simplemente una parte del cuerpo. Como iglesia, podemos hacer mucho más juntos de lo que podemos hacer solos.

ENTRE VACILACIONES E INCREDULIDAD

Necesitamos a la iglesia y la iglesia nos necesita a nosotras. Sin embargo, a menudo estamos cansadas de la iglesia. Las frustraciones aumentan y las expectativas no satisfechas levantan muros de amargura. Es fácil escuchar mentiras sobre la iglesia y alejarse de ella. ¿Cuáles son algunas de las mentiras que escuchamos? Consideremos tres mentiras comunes.

Mentira 1: "A Dios no le importa si voy a la iglesia"

Es tentador creer que la iglesia no es importante. Todo lo que realmente importa es nuestra relación con Dios. Si somos "todos buenos" con Dios, ¿qué diferencia hay si vamos a la iglesia? Si Dios está en todas partes, ¿no podemos adorarlo en cualquier lugar?

Para aquellos en Occidente, acostumbrados a una mentalidad individualista, es tentador creer que la única relación que le importa a Dios es la vertical. Si oramos y leemos la Biblia, ¿no es suficiente? Bueno, la respuesta es no. El amor de Dios por nosotros se manifiesta cuando nos amamos unos a otros. Dios llama a las personas a Él y a unirse en Cristo. No somos miembros individuales, sino que nos pertenecemos unos a otros. Al amarnos unos a otros, proclamamos el gran amor de Dios. A Dios le importa mucho que seas parte de una iglesia. Es parte de su buena providencia y plan para ti.

Mentira 2: "Estoy demasiado ocupada para ir a la iglesia"

Aquí está la verdad: damos prioridad a lo que creemos que es importante. Si crees que es importante que tu familia coma alimentos orgánicos, dedicarás una cantidad de tiempo y esfuerzo considerable a asegurarte de que eso sea posible. Si crees que el ejercicio es importante, encontrarás tiempo para hacer ejercicio. Si crees que las amistades son valiosas, dedicarás tiempo a tus amistades.

Si crees que la iglesia es importante, harás de ella una prioridad. Dejarás de viajar todos los fines de semana para irte de vacaciones. Llevarás a tus hijos a la iglesia, aunque sea en el horario de tu siesta. Te acostarás más temprano el sábado por la noche (aunque tus amigas se queden despiertas hasta tarde) para que puedas estar en la iglesia el domingo por la mañana. Y no estarás allí solo para el servicio; reservarás tiempo en la semana para entablar relaciones con otros miembros de la iglesia. Tomarás la decisión de participar activamente en lugar de ser una asistente pasiva. Una agenda demasiado ocupada no es el problema que te impide asistir a la iglesia. Nuestras creencias impulsan nuestras acciones y lo que elegimos priorizar. Elige la iglesia.

Mentira 3: "La iglesia me ha herido"

Permíteme decirte claramente que hay muchas iglesias que no son saludables y no hay una iglesia perfecta. Algunas iglesias hieren a sus miembros por fallas en el liderazgo, falsas enseñanzas y prioridades equivocadas. Por favor, no te comprometas rotundamente con una iglesia, sea lo que sea que se crea allí o cómo actúe el liderazgo. No permanezcas en una iglesia que no es bíblica o es pecaminosa en su aplicación de la verdad. Utiliza el discernimiento espiritual y busca la sabiduría de los demás.

Sin embargo, no te des por vencida con la iglesia en su conjunto solo porque hayas sido parte de una iglesia poco saludable. Como Jackie Hill Perry tuiteó sabiamente: "¿Sabes a quién usó Dios para sanar mi herida por la iglesia? A la iglesia".[1] Hannah Anderson agregó este concepto: "El discernimiento que nos faculta para ver la bondad de Dios en el mundo a pesar de su pecaminosidad es el mismo discernimiento que nos faculta para ver la bondad de Dios en la iglesia a pesar de su pecaminosidad".

La iglesia no es perfecta. Hay lobos entre nosotros que buscan destruir el rebaño (Hechos 20:29). Está llena de santos que luchan con el pecado. Sin embargo, es el hogar de Dios para sus hijos mientras viajan en esta vida juntos. Sé que puedes tener miedo de no encontrar tu lugar o de que te vuelvan a herir, pero necesitas al pueblo de Dios. Sigue adelante. Sigue buscando. Sigue orando. Que Dios te ponga en una iglesia que pueda sanar la herida que has sufrido.

CAMINAR POR FE: BUENAS NOTICIAS PARA UNA VIDA LLENA DE GRACIA

No somos salvos por nuestra asistencia a la iglesia, pero la iglesia es una parte vital de la vida de alguien que ha sido salvo. Mientras permanecemos en Cristo, estamos unidos unos con otros. Si una parte sufre, todos sufrimos. Si una parte se goza, todos nos gozamos. La plenitud de Cristo nos une unos a otros.

Pablo escribió la mayoría de sus cartas a iglesias no a individuos. Exhortó: "Así también vosotros; pues que anheláis dones espirituales, procurad abundar en ellos para edificación de la iglesia" (1 Corintios 14:12). Solemos esforzarnos en muchas cosas: nuestro trabajo, nuestro matrimonio, nuestro hogar, la crianza de nuestros hijos. ¿Cómo podemos esforzarnos para la edificación de

1. Jackie Hill Perry, Twitter, post personal, 2 de agosto de 2018, https://twitter.com/jackiehillperry/status/1025166734981033984?lang=en.

la iglesia? Será diferente para cada una de nosotras, pero implicará sacrificio y esfuerzo.

Algunas sirven fielmente en la guardería infantil de la iglesia durante años. Otras acomodan las sillas y dan la bienvenida a las personas nuevas. Algunas ayudan a los pobres o dirigen un estudio bíblico para alcanzar a los nuevos. Dios ha dotado de manera única a cada persona para servir en el cuerpo. El tipo de servicio es menos importante que el corazón del servicio. No trabajamos en la edificación de la iglesia para ganarnos el favor de Dios. Edificamos la iglesia porque somos favorecidas. La gracia de Dios sobre nuestra vida nos permite conceder gracia a los demás. Nos amamos porque Él nos amó primero.

La iglesia es tu hogar lejos de casa. Necesitas a la iglesia y la iglesia te necesita a ti. Amamos a la iglesia no porque sea perfecta, sino porque Cristo ama a la iglesia: ella es su esposa. Hoy puede que no sea hermosa, pero un día será una esposa resplandeciente (Apocalipsis 21:2).

ANTES DE REUNIRSE: HERRAMIENTAS PRÁCTICAS PARA AYUDARTE A CRECER

A menudo no nos damos cuenta de todo lo que sucede en la iglesia a la que asistimos. Te animo a visitar el sitio web de tu iglesia y leer la declaración de su misión, identificar a sus asociados ministeriales, los misioneros que apoyan y la planta del personal. Tómate unos minutos para leer la lista del personal y orar por los líderes de tu iglesia, para que Dios los anime y los sostenga en su trabajo.[2]

En oración, considera de qué forma puedes crecer en tu compromiso con la iglesia local mientras respondes las siguientes preguntas.

2. Si no asistes a una iglesia, puedes encontrar una lista de iglesias que creen en la Biblia en el directorio de iglesias de Coalición por el Evangelio. Puede ayudarte a encontrar una iglesia que te quede cerca para visitar esta semana. https://www.coalicionporelevangelio.org/temas/iglesias-sanas/

DURANTE LA REUNIÓN: PREGUNTAS PARA RESPONDER

1. ¿Creciste en la iglesia? Si es así, ¿fue una experiencia positiva o negativa? ¿De qué manera?

2. ¿Cómo te describirías: herida por la iglesia, cansada de la iglesia, insatisfecha con la iglesia o sana en la iglesia?

3. ¿Qué rol ha desempeñado la iglesia en tu crecimiento espiritual?

4. ¿En qué estás sirviendo actualmente dentro de la iglesia? ¿De qué manera te gustaría usar tus dones en la iglesia?

5. ¿Eres miembro de tu iglesia? ¿Por qué sí o por qué no? ¿Cómo describirías tu asistencia a la iglesia?

6. ¿Cuál de las tres mentiras sobre la iglesia te impide profundizar en la comunidad de tu iglesia? ¿Con cuál de esas mentiras luchas más?

7. ¿De qué manera has experimentado el compañerismo y la ayuda de una iglesia? ¿Cómo influyó eso en ti?

HASTA LA PRÓXIMA REUNIÓN: CÓMO CRECER EN PIEDAD

Según lo conversado, considera un área en la que te gustaría hacer un cambio antes de la próxima reunión. Podría ser comenzar a hacer algo que te ayude a crecer espiritualmente o dejar de hacer algo que está impidiendo el crecimiento espiritual. Escríbelo en el espacio de abajo y habla de ello en la próxima reunión.

5

¡BUENAS NOTICIAS!

Testifica de tu fe a otros

Llegar a la fe en Jesús es como llegar a casa, a un lugar que siempre hemos deseado, pero que nunca supimos que deseábamos... Cada vez que testificamos acerca del evangelio a estudiantes, amigos, compañeros de trabajo o miembros de la familia, les damos la oportunidad de llegar finalmente a casa.

—SharDavia Walker

Cultivar una huerta es uno de mis pasatiempos favoritos. Mi esposo siempre se ríe de mi cara de asombro cuando recojo los tomates y pimientos de mi huerta y entro a la casa proclamando: "¡Mira estos hermosos tomates!". El placer de ver crecer algo, y luego disfrutar de comerlo, no ha envejecido después de años de cultivo en mi huerta.

A mi marido, a su vez, le encanta pescar. Cada verano, tan pronto como llegamos a la playa, saca la caña y la prepara, ansioso por ver que un pez muerda el anzuelo. Cada vez que la línea se sacude con una nueva pesca, corre emocionado hacia el agua, listo para sacar lo que sea que haya pescado. Ha pescado mantarrayas, tiburones y una variedad de pescados que disfrutamos de comerlos en la cena: pescado azul, lubina y caballa española. Sea lo que sea que pesque, la alegría de pescar algo nunca pasa de moda.

Curiosamente, tanto la pesca como la siembra fueron ilustraciones que Jesús usó para describir la evangelización. Prometió a sus discípulos: "Venid en pos de mí, y os haré pescadores de hombres" (Mateo 4:19). Además, Jesús enseñó la parábola del sembrador para explicar los diferentes tipos de reacciones al mensaje del evangelio (Lucas 8). Dijo a sus discípulos: "Alzad vuestros ojos y mirad los campos, porque ya están blancos para la siega" (Juan 4:35).

Cuando trabajo en mi huerta o veo a mi esposo pescar, a menudo medito en las palabras de Jesús. La alegría de una huerta terrenal o una pesca recién hecha son ecos de una cosecha mayor, una fiesta mejor. Como pueblo de Dios, se nos invita a participar de la siembra de semillas de fe mientras predicamos el mensaje del evangelio a otros. Muchas veces puedo sentir temor, no sentirme preparada o pensar que necesito el título de un seminario para testificar acerca de Dios; pero el mensaje del evangelio es simple. Así como un niño puede aprender a sembrar semillas o echar una red, todos podemos aprender a testificar de nuestra fe.

SABIDURÍA PARA LA VIDA

Antes de su ascensión, Jesús dio instrucciones a los discípulos sobre qué debían hacer después de su partida:

> Y Jesús se acercó y les habló diciendo: Toda potestad me es dada en el cielo y en la tierra. Por tanto, id, y haced discípulos a todas las naciones, bautizándolos en el nombre del Padre, y del Hijo, y del Espíritu Santo; enseñándoles que guarden todas las cosas que os he mandado; y he aquí yo estoy con vosotros todos los días, hasta el fin del mundo. Amén (Mateo 28:17-20).

Con autoridad celestial, Jesús envía a los suyos a cumplir una misión terrenal. Vamos y hacemos discípulos a todas las naciones, bautizándolos en el nombre del Trino Dios: Padre, Hijo y Espíritu Santo. Les enseñamos a obedecer sus mandamientos. Lo hacemos con confianza, porque Jesús está siempre con nosotros y ha vencido al mundo y al dominio de las tinieblas.

Puede que leas estas palabras y no te sientas preparada para enseñar a otros acerca de Dios. Es fácil creer que debemos dejar la formación de discípulos en manos de profesionales capacitados. Sin embargo, los discípulos de Jesús no eran teólogos capacitados; la mayoría de ellos eran hombres comunes y sin educación (Hechos 4:13). No es por nuestra elocuencia o persuasión que predicamos el mensaje, sino por el poder del Espíritu. De hecho, nuestras debilidades, nuestros temores, nuestros torpes intentos y nuestras palabras entrecortadas podrían ser una demostración del poder del Espíritu (1 Corintios 2:1-4). Gracias a Dios, no dependemos del poder de nuestras palabras, sino del poder de nuestro Dios. Él está con nosotros.

La sencillez del mensaje se resume en las conocidas palabras de Juan 3:16. Sin embargo, es importante no pasar por alto los versículos 17 y 18:

> Porque de tal manera amó Dios al mundo, que ha dado a su Hijo unigénito, para que todo aquel que en él cree, no se pierda, mas tenga vida eterna. Porque no envió Dios a su Hijo al mundo para condenar al mundo, sino para que el mundo sea salvo por él. El que en él cree, no es condenado; pero el que no cree, ya ha sido condenado, porque no ha creído en el nombre del unigénito Hijo de Dios (Juan 3:16-18).

La mejor noticia que ha recibido el mundo es el mensaje del evangelio. Estábamos muertos en nuestros pecados (Efesios 2:1), sin vida, cautivos del pecado y destinados a la destrucción. Debido a su gran amor por nosotros, Dios envió a su Hijo para rescatarnos y redimirnos.

¿Cuál fue su plan de rescate? Jesús tuvo una vida perfecta para poder ser el sacrificio perfecto. En la cruz, el amor y la santidad de Dios convergen en una demostración espectacular de su carácter. La perfecta justicia y rectitud de Dios requería el pago total por todos los pecados. Con amor y misericordia, Jesús dejó que todo el pago de nuestra deuda recayera sobre Él. Jesús recibió el castigo para que nosotros pudiéramos ser libres de la pena y el poder del pecado. La cruz actúa como una esponja divina, que absorbe la justa ira de Dios para que no quede nada para todos los que invocan el nombre de Jesús para salvación.

Siempre estoy buscando buenas ofertas, y el evangelio supera cualquier oferta de "compre uno y lleve otro gratis" que el mundo haya visto. Sin embargo, con la buena noticia, también encontramos la mala noticia: quien no cree en Jesús es condenado. Esta verdad alimenta nuestro evangelismo. Hay muchos que nunca han escuchado las buenas noticias. Tal vez parezca que les va bien en la vida, pero podrían estar a momentos de la destrucción.

Hace un tiempo, el huracán Florence azotó la costa de Carolina del Norte. La semana anterior, habíamos visto cómo avanzaba la trayectoria de Florence. Saber que se dirigía hacia nosotros dio lugar a evacuaciones obligatorias para todo el este de Carolina del Norte. A pesar de que estábamos tierra adentro, los informes mostraban que Charlotte recibiría lluvias récord que podrían provocar inundaciones devastadoras.

El día antes que el huracán Florence azotara Charlotte, el clima era estupendo. Si no hubiera sabido que se avecinaba un huracán, hubiera pensado que los vientos crecientes eran un alivio bienvenido para el calor y la humedad. Si los informes meteorológicos no nos hubieran advertido, quizás no hubiéramos estado preparados para las inundaciones y los cortes de electricidad que afectaron nuestra ciudad.

El evangelismo es el sistema de advertencia de Dios para la tormenta que se avecina. Dios ve la injusticia, la devastación, el abuso y el sufrimiento de nuestro mundo, y viene a retribuir por todos los males acontecidos. Podemos enfrentar su juicio por nuestros propios méritos o correr hacia Jesús para refugiarnos en Él y escondernos bajo el refugio de su justicia. No hay otra opción. Pagaremos por nuestros pecados por toda la eternidad o Jesús pagará nuestra deuda.

Cuando el huracán se dirigía hacia nosotros, era el único tema de conversación. Amigos decían a sus amigos qué tiendas aún tenían agua y dónde encontrar pan. Hacíamos arreglos en caso de que se cortara la luz. Mi esposo abrió un sistema de drenaje para evitar que nuestro arroyo se desbordara. Trabajamos juntos para asegurarnos de que todos tuvieran lo que necesitaban para enfrentar la tormenta.

Muchos no buscan refugio porque hoy brilla el sol. No saben cómo prepararse porque no son conscientes de su situación. A través del evangelismo, llamamos a nuestros amigos y vecinos para advertirles y ayudarles a encontrar refugio en Jesús. Es la mejor forma de cumplir el mandamiento de amar a nuestro prójimo como a nosotros mismos. La mayor crueldad es dejar a las personas en su pecado cuando el rescate por su liberación ya ha sido pagado por completo.

Incluso ante las buenas noticias y la profunda verdad que nos motiva, a menudo nos resulta incómodo evangelizar. A muchas de nosotras se nos ha enseñado que una conversación cordial nunca implica religión o política. En nuestra era posmoderna, ¿quiénes somos para decir a alguien lo que debe creer o cómo debe comportarse?

ENTRE VACILACIONES E INCREDULIDAD

Susurros de incredulidad tienden a atormentarnos cuando pensamos en testificar acerca de nuestra fe. Nuestros temores pueden paralizar nuestros intentos de sembrar semillas y echar las redes. A continuación, presento algunos temores contra los que tengo que luchar cuando se trata de la evangelización.

Temor 1: "No soy buena para testificar de mi fe"

Mi esposo es uno de los mejores evangelistas que he visto. Hace años participamos en un café de evangelismo en una iglesia. Un viajero que estaba esperando un tren entró a la iglesia, y mi esposo entabló una conversación espiritual con él. Mientras conversaban sobre una variedad de temas, mi esposo respondió cada pregunta con gracia y verdad. De manera hábil confrontó y refutó el punto de vista del hombre, con la esperanza de no solo defender el cristianismo, sino mostrarle que era la única opción viable.

Lo observé maravillada, y todas mis inseguridades salieron a la superficie: nunca podría hacer eso. *No estoy lo suficientemente capacitada para testificar de mi fe.* ¿Alguna vez sentiste lo mismo? Observamos a los expertos y decidimos que es mejor dejar la evangelización para ellos. Sin embargo, aquí es cuando necesitamos luchar en nuestra propia mente. Nuestro trabajo es esparcir la semilla y lanzar la red. No podemos garantizar que la semilla crezca o que encontremos peces en la red. Sí, podemos estudiar y mejorar nuestras técnicas, pero nunca aprenderemos si no lo intentamos. En cuanto a las preguntas que alguien te hace y te resulta difícil responder, pide ayuda a un pastor o líder de ministerio. Busca respuestas en la Internet. Lee un libro. Cuando nos faltan palabras para explicar, el Señor puede usar esos casos para hacer crecer nuestra propia fe.

Mi esposo no se convirtió en un buen evangelista al ir al seminario. Aprendió en la escuela de la experiencia. Todos los viernes por la noche salía a la calle principal de nuestro campus universitario para evangelizar. Esas tardes, cuando hablaba con extraños (y, a veces, sin saber qué decir), desarrollaron su habilidad para testificar de su fe a otros. Si queremos aprender, uno de los mejores campos de entrenamiento es empezar hoy. ¿A quién de las personas que te rodean puedes testificar de tu fe hoy? No es necesario que tengas todas las respuestas. Cuenta tu historia de misericordia y gracia y ora con expectativa para que el Señor haga crecer las semillas que esparces.

Temor 2: "Será incómodo"

La primavera pasada estaba sentada en un hotel desayunando sola cuando uno de los chefs pasó y comenzó a hablarme. Me preguntó a qué me dedicaba, y cuando le dije que trabajo para mi iglesia, nuestra conversación informal se desvió hacia temas espirituales. Hizo varias declaraciones con las que no estaba de acuerdo: *En realidad, todas las religiones son iguales. Se trata solo de ser una buena persona. No importa si vas a la iglesia.*

Mientras hacía estas declaraciones, me senté allí con una mirada incierta en mi rostro. Allí tenía una oportunidad de anunciar las buenas noticias, y no me sentía segura de cómo responder con amabilidad a su sistema de creencias sin hacer que nuestra agradable conversación se torne incómoda. Mi deseo de ser amable y simpática superó mi deseo de testificar de mi fe. Y al hacerlo, no amé —no amé de verdad— a la persona que tenía frente a mí, que quería entablar una conversación espiritual. Esa persona tuvo la confianza de contarme sus verdades, pero yo tuve temor y fui reticente a refutar sus verdades y convicciones.

Permití que mi temor a un breve momento de incomodidad me impidiera anunciar verdades positivas y eternas. Traté de decirle lo que pensaba, pero no tuve el valor. ¿Por qué? Yo no tenía nada que perder, y él potencialmente tenía todo que ganar. Déjame animarte (y animarme): no permitas que el temor a la incomodidad te impida disfrutar el gozo que puede traer el evangelismo. Si nunca tenemos el valor de lanzar la red, nunca llegaremos a experimentar la emoción de la pesca.

Temor 3: "Puedo perder una amiga"

Si bien podemos ser reticentes a experimentar la incomodidad de testificar de nuestra fe a alguien que no conocemos, podemos estar francamente aterrorizadas de testificar de nuestra fe a las personas que amamos. Nuestro temor a perder una relación, provocar un altercado o parecer "más santa que tú" a menudo nos impide anunciar a otras personas las buenas noticias. Es aún más complicado en lugares como la región sur de los Estados Unidos, donde todos son supuestamente cristianos, pero muchas vidas parecen no haber sido tocadas por su relación con Jesús y la presencia del Espíritu.

Cuando estos temores afloran, es útil recordar la verdad de la situación de nuestro ser querido. No están bien sin Jesús. Una vez leí la historia de dos hombres atrapados en un pequeño edificio de hormigón cuando las aguas de la inundación comenzaron a subir. No podían escapar y habrían muerto si no fuera por el valor férreo de un amigo que finalmente ayudó a romper una ventana desde el exterior. Hizo todos los esfuerzos incansables por tratar de encontrar una solución, pues sabía que cada minuto contaba. Cuando el agua estaba por llegar casi hasta el techo, finalmente, golpeó la ventana para que pudieran salir nadando y ser libres.

Nuestra misión es similar a la de este amistoso rescatista. Si bien no queremos golpear duramente con el evangelio a aquellos que amamos, aun así debemos anunciar las buenas noticias sea como sea a las personas que amamos. Debemos ser creativas y buscar nuevas maneras de testificar, porque conocemos la terrible naturaleza de su situación. Están atrapados en su pecado y necesitan la libertad que solo el evangelio puede ofrecer. Que seamos valientes en nuestro amor, fieles en la oración y firmes en nuestra búsqueda hasta que sean libres de la prisión de la incredulidad.

CAMINAR POR FE: BUENAS NOTICIAS PARA UNA VIDA LLENA DE GRACIA

La vida de todos es diferente. No existe una estrategia única para la evangelización. Sin embargo, he encontrado algunas formas de testificar de mi fe que son apropiadas para las distintas etapas de la vida. A medida que caminamos por fe, por la gracia de Dios, podemos llegar a ser personas que anuncien con alegría las buenas noticias.

Busca oportunidades

Una vez escuché a un misionero hablar de una simple estrategia para evangelizar:

- Orar por oportunidades
- Conocer gente
- Predicar el evangelio
- Orar para que el Espíritu obre en los corazones

Es una manera maravillosamente simple de llevar una vida evangelística, ¿no es cierto? ¿Qué pasaría si viviéramos cada día con tal misión en nuestra lista de tareas para hacer? Quizás si comenzáramos el día orando por oportunidades de testificar de nuestra fe, en el trabajo, a una vecina, en la tienda de comestibles, podríamos ver con más facilidad cuándo surjan estas oportunidades.

Tal vez esa visita no deseada al consultorio del médico sea más que un inconveniente en el día. Quizás la sala de espera sea hoy tu campo misionero. Quizás ese equipo de béisbol donde juega tu hijo no se trate solo de que él se convierta en el lanzador más extraordinario. Quizás haya otra familia en el equipo que necesite la esperanza de Jesús. Quizás esa tarea difícil sea exactamente donde el Señor te envíe hoy. Quizás esas largas horas te den la oportunidad de hablar con alguien que sufre y está perdido.

Pide al Espíritu que te dé ojos para ver. Que miremos y veamos que los campos están blancos para la siega. Dondequiera que vayas hoy, busca oportunidades de testificar. Y ora. No hay nada que prepare más nuestro corazón que la oración, y nuestro mensaje, no importa cuán elocuente sea, son palabras torpes sin el poder del Espíritu. Como dijo J. I. Packer:

> Dios nos impulsa a orar antes de bendecir nuestra obra para que no olvidemos que es Él quien hace todo. Y cuando al fin veamos almas convertidas, no seremos tentados a glorificar nuestros propios dones, talentos, conocimientos o persuasión, sino glorificaremos a Él y sólo a Él.[1]

Desarrolla relaciones

Una de las formas sencillas de cultivar la tierra para nuestros esfuerzos evangelísticos es desarrollar relaciones. Cuando amamos a nuestro prójimo, tanto con palabras como con hechos, la belleza de Cristo adorna nuestro mensaje del evangelio. Conoce a otros, escucha sus historias, llora cuando lloren, gózate cuando se gocen. Ama a tu prójimo como Cristo te amó primero. Como Pablo escribió acerca de su ministerio entre los tesalonicenses, "Antes fuimos tiernos entre vosotros, como la nodriza que cuida con ternura a sus propios hijos. Tan grande es nuestro afecto por vosotros, que hubiéramos querido entregaros no sólo el evangelio de Dios, sino también nuestras propias vidas; porque habéis llegado a sernos muy queridos" (1 Tesalonicenses 2:7-8).

Debido a que somos seres humanos finitos, no podemos desarrollar relaciones profundas con todos. Por eso es bueno considerar a una o dos personas específicas en quienes podamos invertir oraciones, tiempo y energía. Al considerar a los incrédulos que te rodean, ¿con quién de ellos te resulta naturalmente placentero pasar tiempo?

Cuando estudiaba en la universidad, participé en un ministerio que nos animaba a orar por dos personas específicas en el transcurso del año. Formaba parte de una gran hermandad de mujeres, así que esto me ayudó a concentrar mi atención y mi tiempo. Oré

---

1. J. I. Packer, *Evangelism and the Sovereignty of God* (Downers Grove, IL: InterVarsity Press, 1961), 122. Publicado en español por Publicaciones Faro de Gracia con el título *El evangelismo y la soberanía de Dios*.

por dos muchachas, las conocí, escuché sus historias y traté de hacerme amiga de ellas. Eso no me impidió tener trato con otras, sino que me ayudó a ser deliberada y profunda en mi amistad.

Sé tú misma

Parece extraño decir esto, pero una de las formas más fáciles de predicar el evangelio es tan solo hablar con los demás de manera sincera sobre nuestra vida. Cuando salimos al atardecer, podemos decir a nuestra vecina: "Oye, voy a una reunión", o podemos decirle un poco más: "Oye, voy a ir a un estudio bíblico magnífico. Avísame si alguna vez te gustaría acompañarme. Es un grupo de mujeres maravilloso". Dar a conocer un pequeño vistazo de tu vida puede servir como una oportunidad para que tu vecina venga y escuche el evangelio. Y todo lo que hiciste fue contarle tus planes para esa noche.

A veces, como creyentes, olvidamos qué tan solas están la mayoría de las personas. Estamos más conectadas digitalmente que nunca, pero las personas tienen cada vez menos oportunidades de entablar relaciones con personas reales. La vida en la iglesia es una invitación a una comunidad que muchas personas nunca han experimentado. Testificar acerca de tu fe puede comenzar con el simple acto de invitar a una amiga a tu iglesia, estudio bíblico o reunión de grupo pequeño. Además, no sientas que tienes que ser perfecta. Dar a conocer todas las facetas de tu vida, incluidos tus errores y fracasos, puede ayudar a otros a comprender que el cristianismo no es para personas perfectas, sino para pecadores que necesitan un Salvador.

Inicia un estudio bíblico

Hace años, un grupo de nosotras decidimos comenzar un estudio bíblico en el preescolar de nuestros hijos. Al formar el grupo, esperábamos crear un lugar donde las mujeres que nunca habían estudiado la Biblia se sintieran cómodas de venir y aprender acerca del cristianismo. En cambio, nuestro estudio bíblico inicial fue principalmente de mujeres cristianas que compartían nuestra esperanza evangelística. En retrospectiva, me doy cuenta de que el

Señor estaba forjando nuestra comunidad en esos dos primeros años para que tuviéramos un lugar afectuoso al cual invitar a otras mamás. Nos dio una comunidad para que pudiéramos compartirla con otras personas. Finalmente, trajo a las mujeres a las que esperábamos alcanzar.

Comenzamos a enviar una invitación a cada mujer de nuestro preescolar para un *brunch* de "vuelta a la escuela" a fin de presentarnos y contarles sobre el estudio bíblico. Siempre me sorprendía quién se decidía a venir, pero cada año teníamos algunas mujeres que se unían al grupo. Luego, semana tras semana, mes tras mes, año tras año, estudiábamos la Biblia juntas.

Después de muchos años de dirigir estudios de alcance a otras mujeres, me he convencido de que la Biblia es la herramienta más poderosa que tenemos en la evangelización. Dios usa su Palabra para moldear corazones y transformar mentes. Es viva y eficaz. Vemos a Jesús en toda su complejidad. A medida que estudiamos, las conversaciones sinceras sobre las luchas y el dolor se impregnan de la esperanza del evangelio a medida que la Palabra se convierte en el centro de las relaciones. Cuando un grupo de mujeres hablan y reflexionan en la Palabra de Dios, se produce un cambio en sus vidas.

Te animo a buscar oportunidades, desarrollar relaciones, ser tú misma y predicar la Palabra de Dios a las almas perdidas. Un pescador no puede hacer que un pez muerda el anzuelo, ni un granjero puede hacer que la semilla crezca. Puedes crecer en sabiduría y comprensión a medida que haces tu labor, pero debes esperar con expectativa los resultados. Asimismo, confiamos todos nuestros esfuerzos evangelísticos al Señor. No somos responsables de las almas que estamos tratando de alcanzar, sino de nuestra obediencia al llamado de Cristo de ir y hacer discípulos (Mateo 28:19).

Sin embargo, la emoción de pescar o ver crecer una planta anima mucho al obrero en su labor. Estoy muy agradecida de que el Señor me haya permitido ver vidas transformadas. Tengo la misma esperanza de que cada una de nosotras viva con devoción las Palabras de Jesús: "La mies a la verdad es mucha, mas los obreros pocos; por tanto, rogad al Señor de la mies que envíe obreros a su mies" (Lucas 10:2).

ANTES DE REUNIRSE: HERRAMIENTAS PRÁCTICAS PARA AYUDARTE A CRECER

Tómate unos minutos para consultar una herramienta visual de Los Navegantes llamada "Compartiendo el amor de Cristo con un solo versículo bíblico".[2] ¿Has visto este diagrama antes? ¿Cómo te ayuda a la hora de pensar en cómo testificar de tu fe?

Identifica a dos personas que te rodean por las que orarás para tener la oportunidad de predicarles el evangelio en el transcurso del año.

DURANTE LA REUNIÓN: PREGUNTAS PARA RESPONDER

1. ¿Cómo escuchaste por primera vez el mensaje del evangelio? ¿Cómo te testificaron de su fe otras personas?

2. ¿De qué manera has testificado de tu fe a otros?

3. ¿Qué te impide testificar de tu fe a otros? ¿Te has identificado con alguno de los temores: no soy buena para testificar de mi fe; es incómodo o tengo temor de perder una amiga? ¿Cuál de esos temores es el peor para ti?

4. ¿De qué maneras podrías estar atenta a las oportunidades de predicar el evangelio en el transcurso del día? Piensa en la semana pasada. ¿Hay alguna situación particular en la que podrías haber testificado de tu fe (de alguna manera) a otra persona?

5. La próxima semana, ¿qué pasos puedes dar para testificar de tu fe a otra persona? ¿Y el próximo mes? Puede ser tan simple como invitar a alguien a ir a la iglesia contigo o tan audaz como

---

2. "Compartiendo el amor de Cristo con un solo versículo bíblico," Sitio web Los Navegantes, consultado el 21 de junio de 2021, https://losnavegantes.net/wp-content/uploads/2015/11/AsuntosDeLaVidaNavs.pdf, el recurso se encuentra en las páginas 97-100.

pedir a una persona que sabes que no es cristiana que estudie la Biblia contigo durante dos meses.

6. El grupo puede dedicar un tiempo a la oración por las almas perdidas que cada una conoce y pueden orar unas por otras para que tengan la valentía de anunciar las buenas noticias a otros (Efesios 6:20).

HASTA LA PRÓXIMA REUNIÓN: CÓMO CRECER EN PIEDAD

Según lo conversado, considera un área en la que te gustaría hacer un cambio antes de la próxima reunión. Podría ser comenzar a hacer algo que te ayude a crecer espiritualmente o dejar de hacer algo que está impidiendo el crecimiento espiritual. Escríbelo en el espacio de abajo y habla de ello en la próxima reunión.

6

LA ORACIÓN

Abre tu corazón a Dios

> *No es poca cosa que podamos usar la palabra Abba cuando clamamos a nuestro Padre... Es pura gracia que podamos clamar al Señor en oración de una manera tan íntima y personal. Él nos concede ese acceso.*
>
> —Trillia Newbell

Enamorarse es un esfuerzo que requiere bastante tiempo. Cuando nuestro corazón comienza a palpitar por la atracción, aparece el mismo deseo de conocer y ser conocida. Las conversaciones se prolongan hasta altas horas de la noche, el trabajo queda en segundo plano y el tiempo juntos pasa a ocupar la mayor parte de nuestro horario. Incluso cuando las relaciones maduran y superan las primeras etapas del enamoramiento (algo necesario para que la sociedad funcione correctamente), uno de los aspectos más importantes de cualquier relación es la comunicación.

Puede que ya no esté en las primeras etapas de mi romance con mi esposo, pero aún es a él a quien busco para hablar sobre cómo me fue en el día, ya sea sobre los problemas laborales o el comentario gracioso que hizo nuestra hija en el almuerzo. Quiero compartir con él lo difícil, gozarme con él por lo bueno, llorar nuestras pérdidas y celebrar nuestras alegrías. Quiero contarle todo porque lo amo.

Ya sea que hables más con tu mejor amiga, tu mamá, tu hermana, tu compañera de trabajo, tu compañera de cuarto o tu cónyuge, desarrollamos relaciones cuando hablamos de nuestra vida unos con otros. Si bien varias amistades pueden fluctuar por la distancia, la desconfianza o la muerte, hay una relación en la que podemos invertir y que promete perdurar. Esta seguridad solo puede provenir de Dios mismo: "Por lo cual estoy seguro de que ni la muerte, ni la vida, ni ángeles, ni principados, ni potestades, ni lo presente, ni lo por venir, ni lo alto, ni lo profundo, ni ninguna otra cosa creada nos podrá separar del amor de Dios, que es en Cristo Jesús Señor nuestro" (Romanos 8:38-39).

Nuestra relación con Dios está construida sobre un fundamento sólido y eterno. Hacemos crecer esta relación de la misma manera que desarrollamos una amistad con cualquier otra persona. Pasamos tiempo juntos. Dios nos habla a través de su Palabra y nosotros hablamos con Dios a través de la oración. La oración requiere tiempo y quietud, dos cosas que son raras en nuestra sociedad de teléfonos inteligentes siempre conectados y disponibles en todo momento.

Es difícil desarrollar un hábito de oración, pero lo necesitamos, ¡cuánto lo necesitamos! Para recordar la importancia de la oración, exploraremos la sabiduría que la Biblia nos ofrece sobre la oración, consideraremos por qué nos apartamos de este hábito y pensaremos en maneras prácticas de hacer crecer nuestra vida de oración. Si no estás conforme con tu vida de oración, hay buenas noticias: puedes comenzar hoy mismo a desarrollar nuevos hábitos y patrones que vivifiquen y renueven tu vida espiritual.

SABIDURÍA PARA LA VIDA

La oración está impregnada a lo largo de las Escrituras. Los santos del Antiguo Testamento clamaban a Dios en su angustia y lo alababan con cánticos de júbilo. Pablo, Santiago, Pedro, Juan y Judas expresaban sus oraciones y alentaban a la oración en sus cartas a las iglesias. Jesús enseñó sobre la oración no solo con palabras, sino también con su ejemplo. La oración es parte de la vida cristiana. Dios quiere más que nuestra conformidad externa a sus leyes: quiere nuestro corazón. Por eso nos invita a orar.

Podríamos decir muchas cosas sobre la oración. De hecho, se han escrito muchos libros de gran tamaño sobre este tema. Para entender el significado general de la oración, consideremos el quién, el qué, el cuándo, el por qué y el cómo que la Biblia nos enseña sobre la oración.

¿Quién?

Pedro escribió que el Señor escucha la oración de los justos, pero que su rostro está contra aquellos que hacen el mal (1 Pedro 3:12). Podemos leer un pasaje como ese y concluir que, antes de orar, tenemos que trabajar duro y ser lo suficientemente justos para ir a la presencia de Dios. Esas son malas noticias para nosotros: nunca podremos ser lo suficientemente justos para presentarnos delante de Dios. Sin embargo, hay buenas noticias: si estamos en Cristo, las Escrituras declaran que somos constituidos justos (Romanos 5:19). Podemos tener el valor de ir a la presencia de Dios y pedirle ayuda porque sabemos que Él nos escucha, no por nuestra justicia, sino por la perfecta justicia de Cristo que se nos ha atribuido. Dios nos acepta en su presencia y nos escucha como a hijos amados.

Mi esposo es presidente de un seminario, lo que puede hacer que algunos estudiantes se sientan un poco intimidados de ir a su oficina y hacerle una pregunta simple. Una estudiante me dijo que había practicado exactamente lo que iba a decir antes de entrar porque estaba muy nerviosa (dichosamente, sobrevivió para contármelo).

Aproximadamente una semana después, pasé por la oficina de mi esposo con nuestros hijos después de hacer algunas diligencias, solo para saludar. Los tres entraron corriendo a su oficina con total descaro y daban vueltas en la silla de su oficina con deleite riéndose el uno del otro mientras se probaban la toga. No sintieron tal intimidación o la necesidad de actuar en su presencia. No veían a mi esposo como un profesor de seminario intimidante. Lo conocen como su papá, que se deleita con su risa y los recibe con abrazos.

Esa es la imagen amorosa que quiero que tengas presente

cuando vayas al Señor en oración. Sé que muchas personas tienen una relación complicada con sus padres terrenales u otras autoridades que pueden hacer de acercarse a Dios algo terrible. Sin embargo, las Escrituras nos invitan a entrar con confianza gracias a Jesús: "Acerquémonos, pues, confiadamente al trono de la gracia, para alcanzar misericordia y hallar gracia para el oportuno socorro" (Hebreos 4:16). Es un privilegio poder acercarnos al trono. No te dejes encadenar por el temor ni pierdas la libertad que tienes. Él te ama. Te escucha. Se deleita en ti. Entra en su presencia con alegría.

¿Qué?

Las Escrituras nos invitan a orar por una variedad de necesidades. Ana clamó a Dios en angustia por su infertilidad (1 Samuel 1:10). El salmista clamó a Dios con lágrimas (Salmos 39:12). Santiago nos insta a pedir sabiduría a Dios (Santiago 1:5) y a unirnos con los ancianos para orar por sanidad (Santiago 5:14). Pablo dijo a los filipenses que presentaran sus ansiedades a Dios en oración (Filipenses 4:6), y oró para que pudieran crecer en amor por Dios y pudieran tener discernimiento espiritual (Filipenses 1:9). También nos exhorta a orar incluso cuando no estamos seguras de qué orar porque el Espíritu intercede por nosotras (Romanos 8:26).

Jesús enseñó a sus discípulos a orar para que no cayeran en tentación (Marcos 14:38). Nos ordenó amar a nuestros enemigos y orar por aquellos que nos persiguen (Mateo 5:44). Sobre todo, nos dio el Padrenuestro y nos mostró cómo orar para la gloria de Dios, nuestro pan de cada día y el perdón que desesperadamente necesitamos (Mateo 6:9-13).

Disfruta de esta buena noticia: no tienes que llevar las cargas de la vida sola. ¿Qué preocupa tu corazón hoy? Llévalo al Señor en oración. ¿Qué situación parece imposible de cambiar? Llévalo al Señor en oración. ¿Quién parece que nunca tendrá la esperanza del evangelio? Llévalo al Señor en oración. ¿En qué te gustaría ser más semejante a Jesús? Llévalo al Señor en oración.

Es muy fácil permitir que nuestros pensamientos consuman nuestra mente con preocupaciones. Hay libertad cuando llevamos nuestras preocupaciones al Señor.

¿Por qué?

Oramos porque Dios nos escucha, pero también oramos porque Dios puede hacer lo que nosotros no podemos. No podemos ver ni siquiera imaginar de qué forma Él puede obrar, porque somos seres finitos y limitados. Efesios señala que Dios puede "hacer todas las cosas mucho más abundantemente de lo que pedimos o entendemos, según el poder que actúa en nosotros" (Efesios 3:20). Cuando oramos, estamos pidiendo ayuda al infinito Dios de todo el universo. Él lo sabe todo. Lo ve todo. Es todopoderoso. Es nuestra mayor esperanza, y podemos entregar nuestras cargas a Él. Es el colmo del orgullo no orar. La humildad —el conocimiento de nuestra propia naturaleza— nos pone de rodillas para pedir ayuda. Oramos porque no somos Dios. No podemos cambiar opiniones, circunstancias o corazones. Solo Dios puede hacerlo.

¿Cuándo?

La oración debe ser un hábito diario en nuestra vida. Los primeros discípulos se dedicaban a la oración (Hechos 1:14). Pablo instruyó a los romanos a ser constantes en la oración (Romanos 12:12), a los efesios a orar sin cesar (Efesios 6:18) y a los colosenses a perseverar en la oración (Colosenses 4:2). La oración no es solo un momento (aunque es bueno reservar momentos específicos para la oración), sino una conversación que se prolonga a lo largo del día. Podemos orar inmediatamente en cualquier momento y en cualquier lugar para pedir a Dios que obre.

¿Cómo?

A Jesús le interesa cómo oramos. Instruyó a sus discípulos a no usar vanas repeticiones para quedar bien (Mateo 6:7), ni que oraran para ser vistos de los hombres (Mateo 6:5). Debemos entrar en nuestro cuarto, cerrar la puerta y orar en secreto (Mateo 6:6).

La instrucción de Jesús de orar en secreto no significa que esté mal orar con otros. Jesús llevó a Pedro, Juan y Santiago a la montaña para orar. Sin embargo, se nos advierte a no tener una vida de oración orientada a causar una buena impresión, sino a cultivar relaciones internas. Necesitamos orar unos con otros y necesitamos orar solos. Jesús ejemplificó la importancia de ambas cosas.

ENTRE VACILACIONES E INCREDULIDAD

Es fácil creer en el poder y la necesidad de la oración, pero es difícil vivir lo que creemos. A menudo, en el trajín de la vida, estamos tan ocupadas con el hacer que no dedicamos tiempo a estar a solas de rodillas ante Dios. También podemos desanimarnos cuando parece que nuestras oraciones tienen poco efecto. A continuación, presentaré cuatro razones por las que a veces no tenemos una vida de oración.

Razón 1: "Estoy demasiado ocupada"

La mayoría de nosotras nos abrumamos rápidamente por las diversas actividades del día que se acumulan como la pila de ropa para lavar. Es fácil pasar del café de la mañana a nuestra jornada sin detenernos a ver las noticias de la mañana, y mucho menos tener un tiempo de quietud para orar.

Si bien podemos ser reticentes a admitirlo, en qué usamos nuestro tiempo revela lo que creemos. Si realmente creemos que la oración es importante, que Dios en su providencia usa nuestras oraciones para cumplir sus buenos propósitos, nos tomaremos un tiempo para estar en quietud y oración ante el Señor. Sin embargo, a menudo caemos en la falsa idea de que nuestro arduo trabajo es la clave de nuestro éxito, que podemos determinar nuestras circunstancias con nuestro propio esfuerzo y que, a fin de cuentas, somos artífices de nuestra propia vida. Esta creencia errónea nos impide orar.

Podemos luchar contra la mentira: "Estoy demasiado ocupada para orar" y reemplazarla con la verdad de que el trajín de cada día es precisamente la razón por la que necesitamos orar. Con frecuencia, la verdad es que tenemos mucho que hacer. No podemos hacerlo todo solas. La oración nos ayuda a poner la urgente expectativa de los demás en las capaces manos de nuestro Dios omnipresente. Podemos mirar todo lo que hay que hacer, y pedir a Dios que haga más de lo que podemos imaginar. En el misterio de su providencia, Él puede determinar el curso de nuestros días de una manera que jamás esperaríamos. Él puede despejar nuestra agenda y organizar nuestro itinerario de manera sorprendente. También puede darnos fuerzas para realizar la tarea que tenemos entre manos más allá de nuestra propia capacidad. Él usa nuestras oraciones para hacer posible —a través de nuestra dependencia de Él— lo que es imposible en nuestras propias fuerzas.

La oración viene a ser una pausa en medio de las demandas de cada día. Cuando nos presentamos ante el Señor y le confiamos nuestro itinerario del día en oración, podemos discernir claramente a qué cosas debemos decir que no, así como a qué cosas podemos decir que sí con sacrificio y la confianza de que el poder de Dios obrará en nosotras y a través de nosotras.

Sí, somos personas ocupadas. Esa es la precisa razón por la que debemos orar.

Razón 2: "Es más importante hacer algo"

No es solo un día muy ocupado lo que nos impide orar; también lo es nuestro deseo de hacer algo práctico para ayudar a quienes amamos. Es un deseo bueno y correcto ayudar y servir a los demás. Sin embargo, a menudo olvidamos que la oración es una parte esencial de la forma en que servimos con amor al prójimo.

En medio de tantas cosas que *vemos* que debemos hacer, es difícil elegir la obra *invisible* de la oración. Si bien las personas pueden apreciar nuestra labor de llevarles comida o ayudar con sus hijos, es posible que nunca sepan los meses o años que pasamos orando por ellos. La naturaleza visible de algunos servicios actúa como una recompensa natural: ¡las personas están debidamente agradecidas! La naturaleza invisible de la oración significa que confiamos en que el Señor ve nuestras labores y que recompensará nuestro servicio secreto a los demás (Mateo 6:6).

Nuestra vida de oración no va en contra de servir al prójimo de manera tangible. De hecho, he descubierto que es todo lo contrario. Una rica vida de oración alimenta y fortalece nuestro servicio al prójimo. Si ponemos la oración en primer lugar, el Señor nos moverá y nos dirigirá con fiel amor a los heridos, los necesitados y los escépticos. Podemos dejar de tener que hacerlo todo, porque hemos orado al Dios que es el Señor de todo. Poner primero lo primero no disminuye nuestro servicio; más bien, aumenta sobrenaturalmente nuestra labor a medida que Dios obra de tal manera que nuestro corazón rebosa de alabanza.

Razón 3: "Me distraigo fácilmente"

Seamos realistas: la oración da trabajo. Mi mente divaga y me recuerda las tareas que debo hacer y, de repente, siento la urgente necesidad de limpiar todo el polvo de mi mesita auxiliar. Todo en mí quiere revisar mi teléfono para asegurarme de que no me perdí algo importante. Es difícil tener un momento de quietud cuando estoy llena de energía y lista para comenzar el día.

A veces podemos ver con qué facilidad nos distraemos y pensar: *no soy muy buena para orar. Se los dejo a los que son naturalmente buenos para eso.* Sin embargo, la oración es como cualquier idioma; lo dominamos con fluidez cuanto más lo practicamos. Cuanto más tiempo dediquemos a hablar con Dios, más hablaremos con Él a lo largo del día. La oración es una respuesta aprendida al Espíritu que obra en nuestro corazón. Por eso Jesús enseñó a sus discípulos a orar; no es algo que ocurre de forma natural.

Nuestra vida de oración crece a medida que caminamos con Dios, día a día, año a año. Si al presente tu vida de oración no es como quisieras que fuera, está bien (¡la mía tampoco!). Sin embargo, existen hábitos y herramientas útiles mediante los cuales Dios puede hacernos disfrutar más de la oración.

Razón 4: "No está dando resultados"

A veces hemos orado mucho tiempo por algo, pero nuestra oración parece no tener ningún efecto, así que nos damos por vencidas. He orado por sanidades que terminaron en muerte, por úteros que nunca se abrieron, por cónyuges que nunca aparecieron y por hijos pródigos que aún continúan lejos de casa. Tal vez nunca entendamos de este lado de la eternidad las razones por las que Dios responde que no cuando anhelamos con tanta desesperación un sí. Es tentador creer la mentira de que un sí de Dios es una confirmación de su bendición, mientras que un no es una forma de castigo o desaprobación celestial. A veces nos preguntamos incluso si Él escucha nuestro clamor desesperado. Sin embargo, el no de Dios a nuestras oraciones es siempre un sí a sus propósitos providenciales. Él obra de manera que tal vez no comprendamos. Es difícil, pero por fe seguimos orando. No te rindas y no te desanimes. Él te ve. Te ama. Te escucha.

CAMINAR POR FE: BUENAS NOTICIAS PARA UNA VIDA LLENA DE GRACIA

En algún momento, cuando era adolescente, un creyente mayor me enseñó el acrónimo ACAS para ayudarme a orar. Significa Adoración, Confesión, Acción de gracias y Súplica. Me ayudó a aprender un patrón de oración que me animó a concentrarme en la bondad del Señor, considerar mi pecado y necesidad de perdón, ofrecer acción de gracias y presentar mis peticiones a Dios.

Hay una variedad de herramientas diferentes que podemos usar para ayudarnos en el contenido de nuestras oraciones y para mantenernos concentradas en nuestro tiempo de oración. Mencionaré algunas formas en las que he aprendido a orar a lo largo de los años, pero estas son solo sugerencias que me han ayudado. Para desarrollar tu propia vida de oración, también te animo a hablar con tu mentora o tus amigas sobre lo que ha fortalecido su vida de oración y lo que les ha ayudado.

Diario de oración

Cuando tenía quince años, el libro devocional que estaba usando fomentaba la práctica de llevar un diario de oración durante una semana. Como no estaba muy segura de qué escribir, decidí comenzar a escribir una carta a Dios todos los días. Esa semana se convirtió en treinta años de diario de oración; ahora tengo cuarenta y cinco años y todavía escribo una carta a Dios todos los días. Tengo cajas de diarios de oración almacenados en mi ático, que están compuestos de años y años de abrir mi corazón a Dios.

Escribir mis oraciones me ha ayudado de varias maneras. Mantiene mi mente concentrada y atenta. Me ayuda a orar específica y decididamente. También he tenido el beneficio de ver respuestas a peticiones de oración específicas (¡a veces el mismo día que oré!). Cuando alguien me ha lastimado, descubro que escribir mis desencantos y mi enojo me ha ayudado a calmarme y obtener una mejor perspectiva. También me ha permitido ver más claramente cuando debo arrepentirme y pedir perdón.

Lo más importante es que escribir mis oraciones ha hecho crecer mi amistad con Dios. Cuando escribo, las Escrituras me vienen a la mente, me animan, me convencen de pecado y me consuelan. Es una conversación de ida y vuelta con Dios, que ocurre a medida que la escritura me calma. Me ha ayudado a comprender mejor que la oración no es solo presentar nuestras peticiones a Dios, sino que es un acto de caminar con Él, hablar con Él, interactuar con Él y conocerlo.

Si bien llevar un diario de oración no es para todas las personas, podría ser algo para probar durante una semana. ¿Quién sabe? Una semana puede llegar a convertirse en años de oración.

Tarjetas de oración

Otra herramienta que he encontrado útil es el uso de tarjetas de oración. He dividido varias peticiones y necesidades de oración para cada día de la semana siguiendo un patrón simple:

- un miembro de la familia
- un misionero que apoyamos
- un ministerio en el que participamos
- un líder (tanto de la iglesia como del gobierno)

Nuestra familia los usa en los devocionales de cada mañana para recordarnos orar por los misioneros, funcionarios del gobierno, pastores, maestros, trabajos, esfuerzos ministeriales y unos por otros. Siempre agregamos necesidades específicas y urgentes, como enfermedades o circunstancias difíciles; pero estas tarjetas de oración nos ayudan a recordar que debemos orar fielmente por las personas (durante meses y años) incluso cuando no conozcamos sus necesidades específicas para ese día.

Orar en voz alta

Sé que puede ser incómodo orar sola y en voz alta, pero me ha resultado útil. Algunos días estoy demasiado cansada o agobiada para escribir, así que expresar mis oraciones me ayuda a mantener la concentración de una manera similar a escribir. Sé que puede parecer extraño al principio, pero creo que es una forma útil de mantenerse atenta (¡y despierta!) durante la oración.

También hago esto a veces cuando estoy en mi computadora y llega un mensaje de texto o un correo electrónico de una amiga con malas noticias. En ese momento, hago un alto e inmediatamente oro en voz alta por mi amiga. Me ayuda a llevar mis preocupaciones ante el trono de misericordia y rogar a Dios que obre de manera que traiga sanidad, esperanza, fuerza y valor.

Otra forma de orar en voz alta es por teléfono o en una conversación con una amiga. Es bueno orar en privado, pero también es bueno orar con otros. He descubierto que tan solo preguntar: "¿Puedo orar por ti ahora mismo?" es una cosa que puedo hacer cuando hay tantas otras que no puedo hacer. Orar con otros puede animarnos en medio de una dificultad no deseada.

Orar la Palabra de Dios

Hace unos años comencé la práctica de iniciar mis oraciones con el Padrenuestro. No es tan solo un ejercicio de repetición, sino de intercambio de mis deseos. Con demasiada frecuencia suelo orar: "Hágase mi voluntad" en lugar de "Hágase tu voluntad". Orar el Padrenuestro me ayuda a recordar lo que es importante: *Santificado sea tu nombre. Venga tu reino. Hágase tu voluntad, oh Dios.* Thomas à Kempis lo plasmó maravillosamente de esta manera:

> Señor, tú sabes lo que es mejor. Que se haga esto o aquello, según te agrade. Da lo que quieras, cuánto quieras y cuándo quieras. Haz lo que sabes que es mejor para mí, haz lo que te agrade y traiga gloria a tu nombre. Ponme donde quieras y dispón de mí libremente en todo lo que quieras. Estoy en tus manos, vuélveme y revuélveme a tu antojo. Aquí tienes a tu siervo, dispuesto a todo, porque no deseo vivir para mí, sino vivir de manera perfecta y digna para ti.[1]

Comenzar mis oraciones de esta manera me ayuda a sacar mi mirada de mí misma y ponerla en Dios. No es que Dios no quiera escuchar mis preocupaciones o ansiedades; sé que lo hace. Sin embargo, al poner mi corazón en lo que es más importante y necesario, cambia mi manera de abordar la oración. No siempre puedo saber qué es lo mejor, pero sé que Dios lo sabe. Puedo orar

---

1. Thomas à Kempis, *The Imitation of Christ* (Londres: Fontana, 1963), 134. Publicado en español por Herder con el título *La imitación de Cristo*.

para que su nombre sea glorificado sin restricciones, con denuedo, avidez, confianza, con todo lo que hay dentro de mí.

Orar la Palabra de Dios fortalece y alienta nuestras oraciones. Nos permite orar con la confianza de que estamos pidiendo algo bueno y correcto. La Palabra de Dios también nos enseña a orar. Aprendí a orar al leer las oraciones de Daniel, Pablo, Ana y Jesús. Estas oraciones pueden guiarnos mientras buscamos a Dios en oración.

Hagamos lo que hagamos, comencemos en oración. Escuchemos y obedezcamos las palabras de Judas:

> Pero vosotros, amados, edificándoos sobre vuestra santísima fe, orando en el Espíritu Santo, conservaos en el amor de Dios, esperando la misericordia de nuestro Señor Jesucristo para vida eterna (Judas 20-21).

ANTES DE REUNIRSE: HERRAMIENTAS PRÁCTICAS PARA AYUDARTE A CRECER

Tómate diez minutos y haz tarjetas de oración (tarjetas o fichas) para ayudarte a orar por cada día de la semana. Puedes usar las categorías que mencioné o crear tus propias categorías:

- un miembro de la familia
- un misionero
- un ministro
- un líder (tanto de la iglesia como del gobierno)

Pon estas tarjetas en tu Biblia y úsalas como ayuda para orar.

DURANTE LA REUNIÓN: PREGUNTAS PARA RESPONDER

1. ¿Cómo describirías tu vida de oración? ¿Te resulta fácil orar por ti o es algo que te cuesta hacer?

2. ¿Cómo te anima a la oración saber que oras a un Dios que te recibe con agrado? ¿Te resulta difícil de creer?

3. ¿Qué te impide orar? ¿Con cuál de las dificultades de oración ("Estoy demasiado ocupada", "Es más importante hacer algo", "Me distraigo fácilmente" o "No está funcionando") te identificas más?

4. ¿Qué disciplinas o herramientas te han ayudado en tu vida de oración? ¿Cuál de las ideas para desarrollar tu vida de oración te gustaría probar?

5. ¿Cuáles son tus tres principales peticiones de oración hoy? Cierren su tiempo juntas orando la una por la otra.

HASTA LA PRÓXIMA REUNIÓN: CÓMO CRECER EN PIEDAD

Según lo conversado, considera un área en la que te gustaría hacer un cambio antes de la próxima reunión. Podría ser comenzar a hacer algo que te ayude a crecer espiritualmente o dejar de hacer algo que está impidiendo el crecimiento espiritual. Escríbelo en el espacio de abajo y habla de ello en la próxima reunión.

7

FAMILIA Y AMISTADES

Ama a tu prójimo más cercano

Soportarnos unos a otros significa no esperar la perfección de nuestros amigos en cómo se relacionan con nosotros, en cómo nos consuelan cuando conversamos, en cómo nos hablan o cómo priorizan nuestra amistad. Pensar lo mejor de nuestros amigos y darles un respiro cuando no nos responden de manera perfecta en cada situación.

—Christine Hoover

La culpa la tiene el *Monopoly*. Si bien los anuncios proclaman que es un juego de mesa para divertirse en familia, para mí queda bastante claro que el *Monopoly* se creó para, de manera encubierta, separar a las familias. ¿No me crees? Estaré encantada de darte un ejemplo.

Era una tarde tranquila en Charlotte cuando nuestra familia decidió que era hora de divertirse a la antigua. Guardamos todos nuestros dispositivos electrónicos y sacamos una pila de juegos de mesa.

Todos estuvieron de acuerdo en jugar al *Monopoly*, y nos sentamos a jugar con la esperanza de crear esos recuerdos familiares que todos atesoramos con cariño.

Pues bien, creamos un recuerdo.

A mitad del juego, todos nos enojamos con alguno de nosotros.

Si bien no puedo recordar todos los detalles, puedo (¡por supuesto!) recordar lo que sucedió cuando aterricé en la propiedad de mi esposo. Esperaba que no se diera cuenta, así que silenciosa y rápidamente le pasé los dados y pensé para mis adentros: *¡Si lanza, no tendré que pagar!*

Mi hija, la que di a luz después de treinta y seis horas de difícil trabajo de parto, se dio cuenta del casillero dónde yo estaba y se lo dijo a mi esposo justo cuando se estaba preparando para lanzar los dados: "¡Papá! ¡Mira dónde aterrizó mamá!". Mis ojos se abrieron con asombro, dolor y seria frustración a la vez que grité: "¿Cómo pudiste hacerme eso?".

Es decir, piensa en todo lo que he hecho por ella durante toda su vida: cambiarle los pañales, bañarla y orar con ella antes de dormir. Incluso preparaba su propia comida para bebés. Sin embargo, eligió traicionarme. Entonces mi esposo defendió su causa (siempre supe que en secreto le gustaba más ella que yo). De repente, el juego estalló en una guerra campal. Hubo lágrimas, golpazos de puertas, y el juego se terminó.

Entonces, ¿puedes ver por qué le echo la culpa al *Monopoly*? Queda claro que fue el problema. ¿No es cierto? Si bien desearía que fuera así, soy bien consciente de que el *Monopoly* fue solo una ventana que dejó ver el estado de mi propio corazón. Incluso mientras jugaba (¡con las personas que más amo en todo el mundo!), la ambición egoísta, la ira y la envidia estallaron en mi corazón. A menudo, son las personas más cercanas las más difíciles de amar con fidelidad. Nuestras actitudes hacia ellos revelan la realidad de lo que sucede en nuestro propio corazón. La cercanía nos impide fingir.

Cuando le preguntaron a Jesús: "¿Cuál es el primer mandamiento de todos?", Él respondió:

> El primer mandamiento de todos es: Oye, Israel; el Señor nuestro Dios, el Señor uno es. Y amarás al Señor tu Dios con todo tu corazón, y con toda tu alma, y con toda tu mente y con todas tus fuerzas. Este es el principal mandamiento. Y el segundo es semejante: Amarás a tu prójimo como a ti mismo. No hay otro mandamiento mayor que éstos (Marcos 12:29-31).

En pocas palabras, debemos amar a Dios y a nuestro prójimo.

Nuestro prójimo más cercano puede vivir en la casa de al lado o en nuestra propia casa. Quizás sea quien ocupa el cubículo de al lado en el trabajo. Ve lo que hacemos y escucha lo que decimos. Vivimos de por vida con ellos. Tal cercanía hace que muchos días su voluntad y la nuestra entren en conflicto.

Dedicaremos este capítulo a considerar: ¿Cómo amar a mi prójimo como a mí misma? Ya sea que estemos pasando tiempo con nuestros padres, nuestra mejor amiga, compañera de cuarto, cónyuge o una minivan llena de niños, todas tenemos relaciones que nos llevan más allá de nuestra capacidad de amar en nuestras propias fuerzas. Necesitaremos que la plenitud del amor de Cristo rebose en nuestro corazón para que podamos servir a los demás con gozo y bondad en lugar de amargura y frustración.

SABIDURÍA PARA LA VIDA

La mayoría de nosotras somos dolorosamente conscientes de los efectos de la pecaminosidad relacional que nos rodea.[1] Con demasiada frecuencia, el amor sucumbe a la ira, la fidelidad a la traición, la alabanza a los chismes y el compañerismo a la soledad. Sin embargo, nuestras relaciones deberían caracterizarse por la intimidad y la alegría. Cuando Dios creó el mundo, vio que no era bueno que Adán estuviera solo y creó a Eva. Al terminar la

---

1. Antes de comenzar, es importante tener en cuenta que el abuso físico, sexual, emocional y espiritual puede ocurrir en nuestras relaciones más cercanas. Las estadísticas dan cuenta de historias dramáticas. Una de cada tres mujeres víctimas de asesinato muere a manos de una pareja íntima. Una de cada siete mujeres ha sido herida o acosada por una pareja íntima. Santiago 4:1-2 explica: "¿De dónde vienen las guerras y los pleitos entre vosotros? ¿No es de vuestras pasiones, las cuales combaten en vuestros miembros? Codiciáis, y no tenéis; matáis y ardéis de envidia, y no podéis alcanzar; combatís y lucháis, pero no tenéis lo que deseáis". Las pasiones pecaminosas pueden desbordarse y manifestarse en violencia, incluso entre familiares y amigos cercanos. La primera familia experimentó esta dolorosa realidad (Génesis 4:1-16). Déjame recomendarte claramente que, si eres víctima de abuso doméstico de cualquier tipo, busques ayuda de inmediato. Busca a una mentora, amiga, pastor, anciano o maestra a quien puedas pedir consejo, apoyo y cuidado. Si el abuso es físico o sexual, te recomiendo que también vayas a la policía. El abuso no es culpa tuya; tú no eres responsable del daño que otra persona te esté causando. Busca ayuda y recuerda que el Señor lo ve todo, lo sabe todo y un día hará justicia por cada mal cometido.

creación, "vio Dios todo lo que había hecho, y he aquí que era bueno en gran manera" (Génesis 1:31). La necesidad de relación de Adán reflejaba que fue creado a imagen de Dios, que existe como una trinidad perfecta: Padre, Hijo y Espíritu Santo. Podríamos pensar que podemos estar solas, pero cada una de nosotras tiene una necesidad innata de relación.

Sin embargo, desde que el pecado entró en escena, cada relación, incluso la mejor de las relaciones, se ve empañada por las dolorosas consecuencias del pecado de Adán. Nuestra relación con amigas, compañeras de trabajo, padres, hijos y cónyuge sufren los efectos del egocentrismo y el orgullo. Las guerras que vemos entre las naciones son solo un reflejo de la pecaminosidad que tenemos en nuestros propios hogares.

Felizmente, el evangelio nos da esperanza. Arraigadas en Cristo, somos libres para amar al prójimo con humildad y compasión, y considerar las necesidades de los demás antes que las nuestras. Debido a que nuestro corazón está siendo renovado, podemos hacer morir nuestra antigua manera de vivir: inmoralidad sexual, envidia, ira, calumnia, mentira y lenguaje obsceno y andar en vida nueva (Colosenses 3:5-7).

Si bien los miembros de nuestras familias de origen pueden haberse relacionado entre sí de manera dañina, como parte de la familia de Dios somos un pueblo nuevo con una nueva forma de relacionarnos unos con otros. Podemos luchar con viejos patrones de comportamiento, pero ya no estamos esclavizados a ellos. ¿Cómo vivir como familia de Dios? Colosenses 3 nos hace algunas recomendaciones específicas. Pablo nos exhorta:

> Vestíos, pues, como escogidos de Dios, santos y amados, de entrañable misericordia, de benignidad, de humildad, de mansedumbre, de paciencia; soportándoos unos a otros, y perdonándoos unos a otros si alguno tuviere queja contra otro. De la manera que Cristo os perdonó, así también hacedlo vosotros (Colosenses 3:12-13).

Sé amable y compasiva

Nuestras relaciones unos con otros deben estar marcadas por la bondad y la compasión. Cuando los que nos rodean están heridos y sufren, tratemos de ayudarlos. En lugar de mirar de reojo con envidia lo que otros tienen y nosotros no, como pueblo de Dios deberíamos mirar más allá para ver cómo podemos amar al prójimo.

La compasión se percata de los demás. Cuando una multitud siguió a Jesús durante tres días, habría sido fácil para Jesús decir a sus discípulos lo cansado que estaba de enseñar y sanar a las personas. En cambio, se percató de las personas y dijo a sus discípulos: "Tengo compasión de la gente, porque ya hace tres días que están conmigo, y no tienen qué comer; y enviarlos en ayunas no quiero, no sea que desmayen en el camino" (Mateo 15:32). Su compasión interior lo llevó a hacer una demostración externa de su bondad al alimentar a la multitud.

Tómate un tiempo para pensar en alguien de tu vida que necesita tu compasión. ¿Cómo puedes mostrarle bondad? Podría ser tu hijo de tres años que está luchando para aprender a ir al baño o tu hijo de trece años cuyas emociones estallan cuando menos lo esperas. Quizás sea tu compañera de cuarto la que deja los platos en el fregadero o tu compañera de trabajo a quien todos en la oficina encuentran molesta. Tal vez sea tu tía la que llama todos los días solo para saludarte porque se siente sola. Piensa en una persona esta semana: ¿cómo puedes revestirte de compasión y mostrarle bondad?

Sé mansa y humilde

Cuando tenemos humildad, consideramos a los demás como superiores a nosotras mismas porque reconocemos que todo lo bueno que tenemos lo hemos recibido (Filipenses 2:3). Somos impotentes sin Cristo. Por nuestras propias fuerzas, no podemos salvarnos a nosotras mismas. No podemos cambiarnos a nosotras mismas. Somos incapaces de reunir el más mínimo grano de fe; es un don. Reconocer cuánto nos ha dado Dios nos permite gozarnos por el bien de nuestro prójimo, porque su bien nos trae gozo.

Esta humildad interior nos permite caminar con mansedumbre ante Dios y los demás. Dejamos de lado las obras de las tinieblas y recibimos "con mansedumbre la palabra implantada" (Santiago 1:21). No forzamos nuestro propio camino, sino que vivimos con devoción a la luz de los mandamientos de Dios. La mansedumbre nos hace ser valientemente inflexibles en nuestra obediencia a Dios mientras cedemos con devoción en nuestras preferencias por el bien de los demás. Es una fuerza extraordinaria que se inclina a lavar pies sucios y servir a Dios con gozo.

Es difícil vivir con humildad y mansedumbre. Queremos que se haga nuestra propia voluntad, y nos cuesta poner primero las necesidades de los demás. Piensa en alguien a quien en este momento te cuesta mirar con humildad. Quizás te moleste, te enoje o cometa los mismos errores una y otra vez. ¿Cómo podrías servirlo con mansedumbre? ¿Cómo podrías hoy dejar de lado tus preferencias por el bien de tu prójimo?

Sé paciente con los demás

Las relaciones requieren paciencia. Una amiga puede llegar siempre tarde. Otra puede decirte algo que, sin querer, te ofenda. Tal vez tu esposo haya vuelto a dejar su toalla en el piso del baño. Quizás tus hijos rezonguen y se quejen cuando les dices que no. Quizás la líder de tu grupo de estudio bíblico se haya olvidado de tu nombre o tu compañera de cuarto haya llegado tarde y te haya despertado en medio de la noche.

Como pueblo de Dios, estamos llamados a soportarnos unos a otros en amor. Necesitamos ser amables y tener gracia unos con otros. Cada una de nosotras dañará involuntariamente a quienes amamos y las acciones imprudentes de los demás nos lastimarán. Nadie nos amará a la perfección todo el tiempo.

Nuestra impaciencia a menudo se manifiesta en irritabilidad, enojo, discusiones, chismes o disgusto. Por lo general, es el fruto de un corazón orgulloso y una actitud de crítica. La paciencia no es algo que podamos tener por nosotras mismas, es el fruto del Espíritu vivo en nuestro corazón. ¡Necesitaremos que Dios tenga paciencia con nosotros mientras aprendemos a ser pacientes unos con otros! Reconocer diariamente la paciencia de Dios hacia nosotros nos permite soportarnos con paciencia unos a otros.

Perdona a los demás

Como pueblo de Dios, nos perdonamos unos a otros por lo mucho que Dios nos ha perdonado. Extendemos a los demás la misericordia que hemos recibido. Perdonar a las personas nunca es aceptar su pecado. No lo estamos ignorando ni decimos que no importa. Perdonar significa que confiamos en las manos de Dios el mal que cometieron contra nosotros. No significa que no aplicaremos las reglas del gobierno a las infracciones penales, sino que el juez supremo del pecado es Dios.

El perdón de Dios nunca significa que acepte nuestro pecado. Él nunca dijo: "Bueno, no importa. ¡No te preocupes por eso!". La cruz expone cuánto preocupa a Dios nuestro pecado. Dios pagará cada acto pecaminoso: ya sea con la sangre de Jesús (en el creyente) o con la sangre del malhechor (en el incrédulo). El perdón deja el pago en manos de Dios: "No os venguéis vosotros mismos, amados míos, sino dejad lugar a la ira de Dios; porque escrito está: Mía es la venganza, yo pagaré, dice el Señor" (Romanos 12:19).

En nuestras relaciones con los demás, Dios ordena claramente: "De la manera que Cristo os perdonó, así también hacedlo vosotros" (Colosenses 3:13). No es el perdón por esa única vez que fallaste, sino el perdón para las setenta veces siete que fallaste (Mateo 18:22). Estamos tentados a guardar rencor y repasar en nuestra mente las fallas de los demás. La falta de perdón hace que el pecado se infecte y engendre ira y descontento en nuestro corazón. Confía a Dios las heridas del pasado y vive en la libertad del perdón.

Aplicación práctica para las relaciones

Colosenses 3 comienza explicando que debido a que somos parte de la familia de Dios, tenemos una manera diferente de vivir. Al poner nuestros pensamientos en las realidades celestiales, nuestra vida terrenal cambia. Hacemos morir las obras de las tinieblas y nos revestimos de compasión, bondad, humildad, mansedumbre y paciencia. Nuestra relación con Cristo moldea nuestra relación con los demás. Entonces, Pablo menciona específicamente cómo funcionan estos principios en el hogar y el trabajo. Esta es su instrucción:

> La palabra de Cristo more en abundancia en vosotros, enseñándoos y exhortándoos unos a otros en toda sabiduría,

> cantando con gracia en vuestros corazones al Señor con salmos e himnos y cánticos espirituales. Y todo lo que hacéis, sea de palabra o de hecho, hacedlo todo en el nombre del Señor Jesús, dando gracias a Dios Padre por medio de él. Casadas, estad sujetas a vuestros maridos, como conviene en el Señor. Maridos, amad a vuestras mujeres, y no seáis ásperos con ellas. Hijos, obedeced a vuestros padres en todo, porque esto agrada al Señor. Padres, no exasperéis a vuestros hijos, para que no se desalienten. Siervos, obedeced en todo a vuestros amos terrenales, no sirviendo al ojo, como los que quieren agradar a los hombres, sino con corazón sincero, temiendo a Dios (Colosenses 3:16-22).

Hay tanto que decir sobre este pasaje que no lo podemos cubrir por completo en este capítulo. Sin embargo, es esencial reconocer la importancia de leer estos versículos a la luz de todo el contexto del libro de Colosenses. Cuando se leen estos versículos fuera de su contexto, pueden usarse para dañar, intimidar, controlar o coaccionar, en especial cuando se trata de la sumisión. En el apéndice he incluido un artículo que escribí para la Coalición por el Evangelio que ofrece algunos principios a considerar sobre el tema de la sumisión. La sumisión se aplica a todos los creyentes de alguna manera, así que te animo a que lo leas y hables sobre estos principios más a fondo con tu mentora.

En esencia, este pasaje explica los efectos de la fe en nuestro hogar y trabajo. Cuando la Palabra mora en abundancia en nosotros, nuestro hogar es diferente a otros hogares. Las esposas se sujetan voluntariamente, con respeto, y los esposos aman con sacrificio, sin aspereza. Los hijos obedecen a sus padres, y los padres instruyen con paciencia a sus hijos. Trabajamos para los demás con corazón sincero e integridad para agradar al Señor.

Las palabras de Pablo a los colosenses pueden parecer anticuadas o poco realistas, y sin el poder del evangelio es una visión de la familia y el trabajo bastante fantasiosa. No podemos vivir así por nosotros mismos. Sin embargo, debido a que estamos arraigados en Cristo, todo cambia. El Espíritu permite la transformación en todas nuestras relaciones, incluidas las más íntimas. Cuando caminamos por fe, surgen nuevos patrones dentro del hogar y el trabajo. Podemos trabajar con sinceridad, amor y abnegación.

CUANDO CAMINAMOS EN INCREDULIDAD

Si eres como yo, quizás hayas tenido la experiencia de volver a casa ya adulta y descubrir que rápidamente vuelves a tu yo adolescente. Puedo pensar que he madurado en ciertos comportamientos; pero después veo que estoy demasiado sensible, egoísta, impaciente, irritable, cruel o disgustada. En un día realmente malo, podría ser que todas esas cosas converjan en una.

En realidad, no es solo que mi yo adolescente está apareciendo; es una batalla en mi corazón entre la carne y el Espíritu. Si bien puede convenirnos culpar del comportamiento poco amoroso a las frustraciones o circunstancias externas, Santiago señala "que cada uno es tentado, cuando de su propia concupiscencia es atraído y seducido. Entonces la concupiscencia, después que ha concebido, da a luz el pecado" (Santiago 1:14-15). Si no los controlamos, estos deseos internos producen daños externos.

Envidia

Cuando Pablo escribió a los corintios, les explicó que el amor no es envidioso. La envidia es el deseo fuera de control. En lugar de esperar el bien de nuestro prójimo, esperamos poseer el bien de nuestro prójimo. La guerra silenciosa dentro de nuestro corazón nos impide gozarnos con los que se gozan y llorar con los que lloran. Consideramos falsamente su bien como una forma más en que Dios no ha sido bueno con nosotros. Cualquier dificultad que ellos atraviesen, lo vemos como un problema menor porque tienen aquello en particular que nosotros deseamos.

Piensa en lo que en este momento anhelas de lo que otra persona tiene. Puede ser su seguridad financiera, matrimonio, éxito en su carrera, hijos, un hogar, vivir en una ciudad en particular o tiempo libre para unas vacaciones. ¿Cómo afecta la envidia tu relación con quienes tienen lo que tú deseas? ¿De qué manera te impide amarlos bien? La envidia no se queda solo en nuestro corazón. Siempre se manifiesta en un comportamiento externo que daña a nuestro prójimo.

Irritabilidad

Cuando estamos descontentos con nuestra vida o con nuestro prójimo, a menudo surge la irritabilidad como una hierba mala en nuestro jardín. Puede plasmarse en palabras duras hacia nuestros hijos o chismes sobre los hábitos molestos de una compañera de trabajo. Podemos hablar con enojo a nuestro esposo o decir algo desagradable a nuestra vecina. La irritabilidad es como un fuerte resfriado. Se propaga fácilmente y hace que todos se sientan mal. Por eso, Pablo señaló que "el amor es sufrido, es benigno... no se irrita, no guarda rencor" (1 Corintios 13:4-5).

Es fácil pensar que la irritabilidad no es un gran problema, y rotularlo: "Solo estaba teniendo un mal día". Sin embargo, la respuesta correcta es la simple respuesta que a menudo evitamos. Cuando permitimos que nuestro mal día afecte negativamente a los demás, la respuesta correcta es arrepentirnos y pedir perdón, y reconocer que nuestra irritabilidad no es amorosa ni amable. Confesar nuestro pecado, en lugar de esconderlo bajo la alfombra, es la forma de vivir el evangelio en medio de los errores en nuestras relaciones.

Discusiones

Santiago advirtió: "Codiciáis, y no tenéis; matáis y ardéis de envidia, y no podéis alcanzar; combatís y lucháis" (Santiago 4:2). Los deseos egoístas se manifiestan en discusiones y peleas con las personas que amamos. Experimenté esta dolorosa realidad en mis primeros años de matrimonio cuando mi esposo y yo nos mudamos al extranjero para su programa académico de doctorado. Creía plenamente que Dios lo estaba llamando a seguir ese programa, pero quería volver a los Estados Unidos para estar con mis amigas y trabajar en lo que me gustaba. En cambio, estaba en un pequeño apartamento del extranjero sin amigas, sola y sin propósito aparente.

Cada inconveniente (y hay muchos cuando te mudas al extranjero) alimentaba mi descontento, que luego transfería hacia mi esposo. En esos primeros meses, discutimos y peleamos muchas veces sobre una variedad de asuntos, pero el trasfondo era: "Por tu culpa estoy viviendo esto que es difícil para mí". Le eché la culpa de mi descontento en lugar de diagnosticarlo como un problema en mi propio corazón.

Piensa en la discusión más reciente que tuviste con una amiga, tus padres, compañeros de trabajo o cónyuge. ¿Cómo es que un choque de deseos provoca un desacuerdo? Puede ser más fácil diagnosticar el problema del deseo de la otra persona, pero tómate un tiempo para pensar en el tuyo. ¿Cómo es que no conseguir lo que quieres en alguna área de la vida conduce a discusiones con alguien que amas? Es difícil mirar hacia adentro, pero es parte de aprender a caminar en amor por el prójimo.

CAMINAR POR FE: BUENAS NOTICIAS PARA UNA VIDA LLENA DE GRACIA

Es posible que veamos nuestros fracasos relacionales y nos preguntemos: ¿Cómo hago para cambiar? Sé cuánto me he esforzado en contenerme y no hablar, solo para ver palabras desagradables que burbujean como lava volcánica ardiente y dejan un camino de destrucción a su paso. Me identifico con la frustración de Pablo: "Porque no hago el bien que quiero, sino el mal que no quiero, eso hago" (Romanos 7:19).

Quizás hayas experimentado lo mismo. Te comprometes a no entrar en esa discusión política con tu tío durante la cena de Acción de Gracias, pero apenas terminas el puré de papas te encuentras en el fragor de la batalla. Quieres gozarte con tu amiga que acaba de tener una nueva e increíble oportunidad de trabajo, pero tu propio deseo de éxito te lleva a tratar de evitarla solo para no tener que felicitarla. Deseas honrar a tus padres ancianos y visitarlos con regularidad, pero te irrita su conversación sobre los medicamentos y las visitas al médico.

¿Hay realmente esperanza de cambio? ¿Podemos ser amables y compasivas, humildes y mansas, pacientes y perdonadoras? ¿Podemos honrar a nuestros padres, sujetarnos a nuestro esposo y amar bien a nuestros hijos? Felizmente, por el poder de Dios podemos. Pedro promete:

> Como todas las cosas que pertenecen a la vida y a la piedad nos han sido dadas por su divino poder, mediante el conocimiento de aquel que nos llamó por su gloria y excelencia, por medio de las cuales nos ha dado preciosas y grandísimas promesas, para que por ellas llegaseis a ser participantes de la naturaleza divina, habiendo huido de la corrupción que hay en el mundo a causa de la concupiscencia [malos deseos] (2 Pedro 1:3-4).

En Cristo tenemos un nuevo poder que nos ayuda a crecer en piedad. Sin embargo, no desciende sobre nosotros en el momento en que llegamos a la fe. La promesa de Pedro se convierte en una exhortación:

> Vosotros también, poniendo toda diligencia por esto mismo, añadid a vuestra fe virtud; a la virtud, conocimiento; al conocimiento, dominio propio; al dominio propio, paciencia; a la paciencia, piedad; a la piedad, afecto fraternal; y al afecto fraternal, amor. Porque si estas cosas están en vosotros, y abundan, no os dejarán estar ociosos ni sin fruto en cuanto al conocimiento de nuestro Señor Jesucristo (2 Pedro 1:5-8).

Pedro nos indica un ejercicio motivado por la gracia cuando nos dice que pongamos *"toda diligencia"*. La vida cristiana no es una aceptación pasiva del pecado, sino una búsqueda activa de la santidad. Por gracia creemos y por gracia crecemos. Sin embargo, Dios usa el recurso de nuestra diligencia y nuestro esfuerzo para hacernos crecer en piedad (Hebreos 12:14).

¿Cómo es esto en la práctica? Nos aferramos a los recursos que Dios nos ha dado para poder cambiar. Leemos su Palabra, oramos y participamos en la vida de la iglesia. No solo leemos la Palabra, sino que la obedecemos. Cuando pecamos, nos volvemos a Dios en arrepentimiento y confesión. Día tras día, semana tras semana, año tras año, avanzamos hacia el premio de conocer a Cristo. Poco a poco, Dios nos va transformando. Puede que no veamos un cambio inmediato, pero, con el tiempo, los efectos de permanecer en Jesús dan fruto.

Cuando estaba discutiendo en ese piso de Edimburgo con mi esposo, pensé que él era el problema. Sin embargo, el Señor me mostró paciente y amablemente mis propios problemas. En ese momento estaba leyendo la Biblia en un año, y una mañana me topé con este pasaje: "No seáis como el caballo, o como el mulo, sin entendimiento, que han de ser sujetados con cabestro y con freno, porque si no, no se acercan a ti" (Salmos 32:9).

El Espíritu trajo convicción a mi corazón: eres la mula, Melissa. Sí, has venido a Escocia, pero has venido luchando como una mula y resistiéndote todo el tiempo. Tu problema no es con tu marido; tu problema es con la voluntad de Dios para tu vida.

Con dolor y ternura, el Señor arrancó mi pecado. Al escribir hoy, casi veinte años después, mis ojos todavía se llenan de lágrimas de agradecimiento por la bondad de su misericordia y paciencia conmigo. Cambió mi perspectiva y produjo el arrepentimiento en mi corazón. Las discusiones con mi esposo no terminaron de la noche a la mañana, pero ahora tenía una nueva perspectiva de por qué estaban sucediendo. Poco a poco, el Señor fue apartando mi mirada de la vida que deseaba tener y la dirigió a Jesús para ayudarme a aceptar su plan para mi vida. En su fidelidad, Dios nos viene a buscar cuando nos hemos descarriado y nos pone en el camino de la vida.

Las relaciones pueden ser difíciles, pero están destinadas a ser una bendición. Nos necesitamos unas a otras. Compartimos las alegrías y tristezas, y ofrecemos consuelo en tiempos de prueba. Las relaciones también exponen cuánto necesitamos a Jesús. Pide ayuda, sabiduría y guía al Señor para amar a tu familia, tus amistades y tu prójimo más cercano.

ANTES DE REUNIRSE: HERRAMIENTAS PRÁCTICAS PARA AYUDARTE A CRECER

El artículo que escribí para Gospel Coalition, "When Callings Clash" [Cuando los llamamientos entran en conflicto], se encuentra en el apéndice 2. Como creyentes, cada una de nosotras está llamada a sujetarse en alguna área. Lee este artículo y considera cuándo la sumisión es problemática, así como la manera de acercarnos y persuadir a las autoridades que Dios nos ha dado. Si tienes dificultades con el tema de la sumisión, asegúrate de mencionarlo en la reunión.

DURANTE LA REUNIÓN: PREGUNTAS PARA RESPONDER

1. ¿Cuáles son algunas de las relaciones más importantes de tu vida en este momento?

2. Lee Colosenses 3:1-17. Al pensar en tus relaciones, ¿qué rasgo negativo específico deberías "dejar" y con qué rasgo positivo deberías "revestirte"?

3. ¿Hay alguna persona con quien te debes esforzar para ser paciente? ¿Qué tiene de difícil esa relación en particular?

4. ¿Estás luchando por perdonar a alguien en tu vida o alguien a quien guardas rencor? ¿Qué te impide perdonar?

5. ¿En qué relaciones estás luchando contra la envidia, la irritabilidad o las discusiones? ¿Cómo está afectando eso a tus relaciones?

6. Tómense un tiempo para orar la una por la otra y por las relaciones importantes en sus vidas. Que Dios las haga crecer en amor por sus seres queridos.

HASTA LA PRÓXIMA REUNIÓN: CÓMO CRECER EN PIEDAD

Según lo conversado, considera un área en la que te gustaría hacer un cambio antes de la próxima reunión. Podría ser comenzar a hacer algo que te ayude a crecer espiritualmente o dejar de hacer algo que está impidiendo el crecimiento espiritual. Escríbelo en el espacio de abajo y habla de ello en la próxima reunión.

8

LAS TENTACIONES

En el mundo, pero no del mundo

Satanás quiere alejarte de Dios y reclamar tu alma por la eternidad. Sin embargo, Jesús ha orado por ti y ha pedido al Padre que te proteja del maligno para que no estés a merced de Satanás... Satanás puede ganar una batalla o dos en tu vida, pero nunca ganará la guerra contra tu alma. Jesús ha orado por ti, y estás protegida.

—Nancy Guthrie

Vi la primera escena de la película *Rescatando al soldado Ryan* con lágrimas en los ojos. El filme mostraba vívidamente el desembarco del Día D en las playas de Normandía durante la Segunda Guerra Mundial. Mis dos abuelos pelearon en la guerra, y aquella escena fue una ventana a los horrores que sufrieron en el campo de batalla. Los jóvenes corrían de los barcos aterrorizados hacia las playas mientras las balas les pasaban rozando, impactaban a algunos y otros seguían avanzando. Era doloroso de ver y difícil de comprender.

En medio de una batalla así, imagínate la sorpresa que todos nos llevaríamos si uno de los jóvenes se detuviera en la playa, colocara una toalla sobre la arena, se quitara la camisa y comenzara a ponerse protector solar. Cuando un compañero soldado hiciera una pausa para preguntarle: "¿Qué rayos estás haciendo?", él le respondería: "Bueno, estoy en la playa. Voy a disfrutar un rato del sol y las olas".

De seguro el otro soldado lo miraría espantado y le respondería: "Sí, estamos en la playa, pero ¿no te das cuenta de que esto es una guerra? ¡Si te sientas aquí ajeno a la batalla, te matarán!".

Es difícil imaginar una escena así, ¿no es cierto? ¿Quién estaría en medio de una batalla y se acomodaría para pasar un día de playa? Lamentablemente, creo que es una realidad para muchas de nosotras (incluso para mí) en el transcurso de nuestra vida cotidiana. Nos olvidamos de que, en medio del mundo físico que nos rodea, se está librando una batalla espiritual. Creemos que la vida cristiana es como un buen día en la playa, pero en la Biblia se la describe como una carrera (Hebreos 12:1-3), un parto (Romanos 8:22-23) y una batalla (Efesios 6:11-23). Ninguna de esas situaciones es fácil y todas implican dolor.

Cuando olvidamos que la vida cristiana es una batalla, toda la vida puede parecerse a un ataque sorpresa. Nuestra concepción errónea de la vida cristiana como una vida fácil y sin problemas puede llevarnos a cuestionar la bondad de Dios cuando vuelan las balas o resultamos heridas y luchamos por seguir adelante. No estamos preparadas para la batalla, de modo que estamos indefensas contra el enemigo.

Cuando entendemos que somos parte de una guerra cósmica, cambia nuestra perspectiva: estamos listas para la batalla a la espera del ataque. No hace que la batalla sea menos feroz, pero ya no nos toma por sorpresa. Una de las mejores formas de prepararse para la batalla es conocer a nuestro enemigo y las tácticas que emplea. En este capítulo, conoceremos a nuestros enemigos, consideraremos nuestra incredulidad y adiestraremos nuestra mente para estar preparadas para luchar contra la tentación.

SABIDURÍA PARA LA VIDA

La Biblia nos advierte sobre tres enemigos principales que luchan contra nuestra alma: el mundo, la carne y el diablo. Cada uno de estos adversarios nos tienta a pecar y caminar en oposición a la

Palabra de Dios. Todos los cristianos enfrentan tentaciones. No es pecado ser tentado; el mismo Satanás tentó a Jesús. Es cuando cedemos a la tentación que quedamos atrapados en la miseria del pecado. Es de ayuda examinar a cada uno de estos enemigos para que aprendamos a reconocer sus tácticas.

El mundo

Cuando se creó el mundo, era bueno. Se creó para que lo disfrutemos y podamos glorificar a Dios en todo lo que hacemos. Sin embargo, debido a los efectos de la caída, el mundo y sus regímenes nos presionan y nos atraen al pecado y la vanagloria en lugar de disfrutar del mundo de manera piadosa. Santiago advirtió que la amistad con el mundo es enemistad con Dios (Santiago 4:4), y Jesús enseñó a sus discípulos que el mundo los aborrecería. El apóstol Juan explicó lo que se entiende por *mundo*:

> No améis al mundo, ni las cosas que están en el mundo. Si alguno ama al mundo, el amor del Padre no está en él. Porque todo lo que hay en el mundo, los deseos de la carne, los deseos de los ojos, y la vanagloria de la vida, no proviene del Padre, sino del mundo. Y el mundo pasa, y sus deseos; pero el que hace la voluntad de Dios permanece para siempre (1 Juan 2:15-17).

En este sentido, *el mundo* no se trata de individuos (Dios nos llama a amar a nuestros enemigos), sino de la forma en que el mundo nos tienta con los deseos de la carne, los deseos de los ojos y la vanagloria de la vida. Lo que ven nuestros ojos nos atrae hacia una mentalidad terrenal.

Cuando miro el mundo que me rodea, es fácil desear todo lo que tiene para ofrecer. Es tentador dedicar todos mis esfuerzos a construir mi reino terrenal con una casa perfectamente decorada, una carrera exitosa, comidas saludables y deliciosas y, de alguna manera, mantener mi apariencia a la moda (y estoy descubriendo que se necesita cada vez más tiempo y energía incluso para no caer en la categoría de "está completamente descuidada").

Ninguna de estas actividades es necesariamente incorrecta en sí misma; pero si dedico mi vida, mis esfuerzos y mis días a buscar lo que el mundo ofrece, al final terminaré por desperdiciar mi vida.

El mundo no puede satisfacernos, porque nunca es suficiente para llenarnos; es como intentar llenarnos el estómago comiendo viento. Como señaló sabiamente el ministro puritano Thomas Brooks: "El ser humano puede tener suficiente del mundo para hundirlo, pero nunca tendrá suficiente para satisfacerlo".[1]

El apóstol Juan nos recuerda: "El mundo pasa". Lo que ahora podemos ver algún día dejará de existir. Sin embargo, hay un reino que, aunque ahora no podemos ver, existirá por toda la eternidad. Es el reino que Dios nos llama a buscar: "Mas buscad primeramente el reino de Dios y su justicia, y todas estas cosas os serán añadidas" (Mateo 6:33).

Es difícil buscar lo que no podemos ver. Podríamos sentir como si estuviéramos peleando a ciegas. Necesitamos usar anteojos espirituales para ver a Jesús, "el autor y consumador de la fe, el cual por el gozo puesto delante de él sufrió la cruz, menospreciando el oprobio, y se sentó a la diestra del trono de Dios" (Hebreos 12:2). Jesús es el héroe guerrero que nos ha precedido y vencido al mundo. Es nuestro ejemplo, nuestro camino a seguir. Ponemos nuestros ojos en Él, batallamos en su poder y por su gracia vencemos al mundo. Vivimos en el mundo, pero somos ciudadanos de otra tierra, un reino celestial. Si algunos días te sientes un poco perdida, es una buena señal. Estás buscando tu hogar.

La carne

La batalla que enfrentamos no es solo externa. Mientras el mundo trata de conformarnos y amoldarnos a sus reglas, nuestra carne lucha en nuestro interior al batallar contra el Espíritu. Pablo explicó esta batalla interior en su carta a los Gálatas:

> Digo, pues: Andad en el Espíritu, y no satisfagáis los deseos de la carne. Porque el deseo de la carne es contra el Espíritu, y el del Espíritu es contra la carne; y éstos se oponen entre sí, para que no hagáis lo que quisiereis. Pero si sois guiados por el Espíritu, no estáis bajo la ley. Y manifiestas son las

---

1. Thomas Brooks, *Precious Remedies Against Satan's Devices* (Philadelphia, Jonathan Pounder, 1810), 131. Publicado en español por Banner of Truth con el título *Remedios preciosos contra las artimañas de Satanás*.

> obras de la carne, que son: adulterio, fornicación, inmundicia, lascivia, idolatría, hechicerías, enemistades, pleitos, celos, iras, contiendas, disensiones, herejías, envidias, homicidios, borracheras, orgías, y cosas semejantes a estas; acerca de las cuales os amonesto, *como ya os lo he dicho antes, que los que practican tales cosas no heredarán el reino de Dios.* Mas el fruto del Espíritu es amor, gozo, paz, paciencia, benignidad, bondad, fe, mansedumbre, templanza; contra tales cosas no hay ley. Pero los que son de Cristo han crucificado la carne con sus pasiones y deseos (Gálatas 5:16-24).

Pablo nos hace una seria advertencia y nos dice que si vivimos de la carne, no heredaremos el reino de Dios. Ahora bien, podrías mirar esa lista de obras de la carne con preocupación porque:

- Has estado luchando contra la envidia porque tu amiga acaba de comprometerse.
- Te acostaste con tu novio y sabes que está mal.
- Esta mañana tuviste un ataque de ira con tu esposo.
- Anoche tomaste esa tercera copa de vino y dijiste algunas cosas de las que te arrepientes.
- Sigues volviendo a ese sitio web pornográfico y parece que no puedes dejarlo.

Déjame decirte, al igual que Pablo, que el pecado es grave. Es caminar en incredulidad. Es la puerta ancha que conduce a la destrucción. La paciencia de Dios ante nuestro pecado nunca debe malinterpretarse como una aceptación de nuestro pecado. Dios no lo pasa por alto, no lo ignora ni finge no verlo. Lo aborrece y nos da poder para luchar contra el mismo. Nos da el Espíritu que vive dentro de nosotras para luchar.

Si estás atrapada en el pecado, quiero que escuches dos cosas con claridad. Primero, estás en grave peligro; corre hacia el otro lado lo más rápido que puedas. El acantilado del pecado no es un precipicio para jugar. No te acerques al borde. No intentes justificar tus acciones. No te convenzas de que no importa. Arrepiéntete y vuelve a Jesús. Él te ama, te acepta y te perdona. Abandona tu pecado hoy mismo y vuélvete a Jesús.

En segundo lugar, no te desesperes. Todos los cristianos lucharemos con el viejo yo hasta que se nos dé un cuerpo nuevo. La lucha interna es evidencia de la obra del Espíritu. Estamos siendo conformados a la imagen de Jesús, pero es un proceso. Cada día necesitamos confesarnos, arrepentirnos y creer. Como explicó Brooks, "Hay una gran diferencia entre una oveja que por debilidad cae en el fango y un cerdo que se deleita en revolcarse en el fango".[2] Todos caeremos en el pecado, pero detestamos la inmundicia y volvemos a Jesús para que nos limpie.

El diablo

Puede que no se hable mucho de demonios y ángeles en nuestra época, pero hay una batalla espiritual muy real que se está librando a nuestro alrededor. Pablo explicó: "Porque no tenemos lucha contra sangre y carne, sino contra principados, contra potestades, contra los gobernadores de las tinieblas de este siglo, contra huestes espirituales de maldad en las regiones celestes" (Efesios 6:12).

El diablo dirige su ejército demoníaco como el tentador y acusador de los creyentes. Quiere hacernos tropezar, y su objetivo final es nuestra destrucción. Su plan es robar, matar y destruir (Juan 10:10). Pedro nos advirtió: "Sed sobrios, y velad; porque vuestro adversario el diablo, como león rugiente, anda alrededor buscando a quien devorar" (1 Pedro 5:8).

Satanás es implacable en su ataque. Brooks nos muestra esta perspectiva:

> Satanás vendrá con nuevas tentaciones cuando las viejas ya no den resultado; en la calma, prepárate para una tormenta. El tentador es despiadado, insolente y sutil; adaptará sus tentaciones a tu físico e inclinaciones. A Satanás le encanta ir con la corriente... Cuando hayas superado una tentación, debes estar listo para entrar en [batalla] contra otra.[3]

Satanás nos estudia en busca de nuestros puntos débiles. El diablo te tienta de manera diferente a como me tienta a mí. Por eso a veces es difícil entender las luchas de los demás. Una mujer puede

2. Brooks, *Precious Remedies Against Satan's Devices*, 223.
3. Ibíd., 233.

luchar contra la codicia en su corazón, mientras que otra puede luchar contra la lujuria. Al igual que un pescador usa diferentes cebos para diferentes tipos de peces, Satanás usa diferentes cebos para atrapar a su presa.

Si bien las tentaciones particulares de Satanás son distintas para cada una de nosotras, su objetivo suele ser el mismo. Quiere que dudemos de la bondad y la Palabra de Dios. Sabe que la duda conduce a la desconfianza y que la desconfianza es la base de nuestra desobediencia. Cuando pensamos que Dios no es bueno con nosotras y que su Palabra no es infalible, podemos desviarnos fácilmente.

Satanás nos perseguirá, pero no tiene verdadero poder sobre nosotras. Santiago nos muestra esta verdad: "Someteos, pues, a Dios; resistid al diablo, y huirá de vosotros" (Santiago 4:7). Si nos sometemos a la Palabra de Dios, Satanás huirá. No puede obligarnos a pecar, y sus mentiras solo tienen poder cuando las escuchamos. Podemos estar atentas a su ataque, pero no tenemos que temer su avance.

ENTRE VACILACIONES E INCREDULIDAD

El éxito de los Aliados en Normandía el Día D no sucedió solo porque repelieron con valentía el ataque. Durante meses antes, los espías alemanes, convencidos por la inteligencia británica, dieron información falsa a los nazis sobre los planes de invasión y el desplazamiento de las tropas. Esta información falsa impidió a los alemanes consolidar sus tropas en un solo lugar. En cambio, su ejército se extendió a lo largo de casi 2500 km de defensas costeras. Debido a que los nazis escucharon y creyeron las mentiras, no estuvieron preparados para el ataque.[4] Difundir desinformación es una pieza poderosa en la estrategia de guerra.

Satanás usa tácticas similares para confundir y desorientar al pueblo de Dios. El "padre de mentira" (Juan 8:44) tergiversa la verdad de la Palabra de Dios para hacernos desviar, en particular

4. Christopher Klein, "Fooling Hitler: The Elaborate Ruse behind D-Day", sitio web de History, 3 de junio de 2014, consultado el 31 de julio de 2019, https://www.history.com/news/fooling-hitler-the-elaborate-ruse-behind-d-day.

cuando se trata de nuestra comprensión del pecado. Toma la verdad y la tergiversa lo suficiente para que creamos sus mentiras. A continuación, presentaré algunas de las mentiras que susurra para hacernos vacilar en incredulidad.

Mentira: "Dios es misericordioso, así que tu pecado no importa"

Esta mentira contiene una verdad parcial, y eso la hace aún más convincente. Dios es misericordioso, más de lo que podemos llegar a comprender. Sin embargo, su misericordia no nos lleva a pecar, sino a una vida de arrepentimiento (Romanos 2:4) y servicio abnegado. Pablo nos exhorta: "Así que, hermanos, os ruego por las misericordias de Dios, que presentéis vuestros cuerpos en sacrificio vivo, santo, agradable a Dios, que es vuestro culto racional" (Romanos 12:1). ¿Comprendes lo que está diciendo aquí? La misericordia de Dios no nos lleva a seguir pecando. (¡Que nunca sea así!). Una verdadera comprensión de la misericordia de Dios nos impulsa a rendir valientemente nuestra vida. Ya no vivimos para la carne. En cambio, sacrificamos nuestra carne y vivimos por el Espíritu.

Mentira: "Es solo un pequeño pecado"

Solemos tener un sistema jerárquico de pecados en nuestra mente, ¿no es cierto? Adulterio, eso es malo. Robar, asesinar y mentir, eso también es malo. Sin embargo, un pensamiento lujurioso aquí o allá, un pequeño chisme con amigos durante la cena o unas copas de vino de más, bueno... eso no es para tanto (nos decimos a nosotras mismas). Son solo pequeños pecados. No hacen daño a nadie más, ¿verdad?

Una vez más, Satanás disfraza sus mentiras con verdades parciales. Es cierto que algunos pecados son más atroces que otros.[5] Es peor asesinar que golpear. Sin embargo, ambas acciones son pecaminosas. Ambas son suficientes para separarnos de Dios por la eternidad. Y esto sucede con el pecado: nunca permanece pequeño. No podemos manejarlo ni domesticarlo. Al igual que el anillo de Frodo, comienza a gobernarnos. Ceder a la tentación permite un

5. Ver el *Catecismo mayor de Westminster*, preguntas 150-153.

punto de apoyo para más pecados. Así como una pequeña célula cancerosa se multiplica y puede matar al hombre más fuerte y saludable, el pecado actúa como un cáncer en nuestra alma. Lucha contra todo pecado, incluso contra el que te parece pequeño, al primer ataque.

Mentira: "Otros cristianos piensan que está bien"

Vivimos en un mundo que se rige cada vez más por una ley: *sé fiel a ti mismo*. Esta falsa ideología crea confusión cuando miramos el mundo. Muchos profesan creer en Cristo, pero sus vidas parecen no mostrar los efectos de la obra del Espíritu. Viven de una manera que contradice por completo la Palabra de Dios y nos invitan a seguir su versión del cristianismo. Sin embargo, no podemos seguir a aquellos que tan solo profesan la fe como nuestros guías en la vida cristiana. Acudimos a la Biblia como nuestra guía, nuestra norma, nuestro ejemplo.

En última instancia, no importa lo que otras personas piensen que es correcto o incorrecto. Importa lo que Dios piensa que es correcto o incorrecto. Él nos hizo. Él nos conoce. Sus caminos siempre serán rectos. No sigas a la multitud hacia el pecado porque parece un camino más fácil. Como enseñó Jesús: "Entrad por la puerta estrecha; porque ancha es la puerta, y espacioso el camino que lleva a la perdición, y muchos son los que entran por ella; porque estrecha es la puerta, y angosto el camino que lleva a la vida, y pocos son los que la hallan" (Mateo 7:13-14).

Tu camino de obediencia puede ser el camino que nadie más está tomando. Puede ser difícil. Se hace aún más difícil porque otros te dicen que no lo tomes. No escuches las atracciones peligrosas que te llevan a los acantilados de la muerte. La puerta estrecha conduce a Jesús, y Él te lleva a la vida plena.

Mentira: "Mi tentación es más difícil de soportar"

Una de las mentiras que más me inclino a pensar está arraigada en mi orgullo. Puedo pensar: *Esta tentación es demasiado difícil de soportar. ¡Cualquiera que esté lidiando con esto también pecaría!* Creo que uno de los versículos más instructivos (y esperanzadores) de todas las Escrituras es 1 Corintios 10:13:

> No os ha sobrevenido ninguna tentación *que no sea humana*; pero fiel es Dios, que no os dejará ser tentados más de lo que podéis resistir, sino que dará también juntamente con la tentación la salida, para que podáis soportar.

Es muy sorprendente saber que nuestras tentaciones no son distintas de las que otros atraviesan. Déjame decirte cómo me convenzo de que mi tentación es distinta de las que otros atraviesan: *Si tus hijos hubieran actuado como mis hijos, tú también habrías gritado. Si tuvieras un jefe como el mío, tú también chismorrearías sobre él. Si tuvieras una amiga como la mía (la que tiene todo lo que desea), tú también la envidiarías.* Mi tentación es más difícil de soportar que la tuya, así que, por supuesto, voy a caer en la trampa.

Este versículo corrige rotundamente nuestra manera de pensar. No, tu tentación no es más difícil de soportar que la de otra persona. Es común al género humano. Los demás enfrentan las mismas testaciones. Y no importa tu lucha en particular, hay otra verdad eterna que te ofrece libertad: Dios no permitirá que tu tentación sea mayor de lo que puedas soportar.

¿Has escuchado esta buena noticia? Tu Creador te conoce mejor que tú misma. Él sabe exactamente lo que puedes soportar y te ayudará a encontrar la salida y soportarla. Tal vez sientas que no puedes luchar un día más, pero Dios sabe exactamente lo que está haciendo. Tienes un poder superior a tu propia capacidad que te ayuda en tu lucha. Él te dará todo lo que necesites. Y lo primero que te ayuda a hacer es vestirte para la batalla.

CAMINAR POR FE: BUENAS NOTICIAS PARA UNA VIDA LLENA DE GRACIA

La semana pasada de repente murió mi celular. Me sentí un poco impotente. ¿Qué pasa si mis hijos me llaman desde la escuela y no pueden comunicarse conmigo? ¿Qué pasa si me pierdo de ver un correo electrónico del trabajo? ¿Qué pasa si me quedo atascada esperando en la fila de algún lugar y no tengo Instagram para aliviar mi aburrimiento? (Seamos sinceras: probablemente estaba más preocupada por lo último que por las dos primeras cosas). Mi teléfono estaba en perfecto estado de funcionamiento, excepto por una cosa: me había olvidado de enchufarlo la noche anterior. Todo lo que mi teléfono tiene poder para hacer quedó sin efecto por mi olvido.

En nuestra lucha contra el pecado, a veces olvidamos las buenas noticias. Tenemos uno que nos ha precedido. Jesús resistió al mundo y venció al diablo, y a través de su carne abrió un camino para que podamos acercarnos con plena certidumbre de fe, purificados nuestros corazones de mala conciencia (Hebreos 10:19-22). La sangre de Jesús pagó el castigo por nuestro pecado y nos liberó de su poder sobre nosotros.

Sin embargo, algunos días nos sentimos impotentes, como un teléfono que no se cargó la noche anterior. Estamos agotadas y cansadas de la batalla, sin saber cómo acceder al poder que se nos ha dado. Felizmente, Pablo nos explica cómo pelear, y su primer consejo es que nos vistamos: "Vestíos de toda la armadura de Dios, para que podáis estar firmes contra las asechanzas del diablo" (Efesios 6:11).

Muchos días me olvido de ponerme la armadura. Tengo un atuendo completo que me espera, pero salgo a enfrentar al mundo espiritualmente desnuda, y estoy impotente contra el enemigo. Tengo acceso al poder, pero si me olvido de usarlo, estoy indefensa frente al ataque. ¿Cómo nos preparamos? ¿Qué nos ponemos?

En nuestra actividad "Antes de reunirse" de esta semana, veremos la armadura de Dios y cómo aplicarla específicamente a un pecado con el que en este momento estás luchando. Tomaremos este pasaje, línea por línea, y lo usaremos como una herramienta útil para resistir al enemigo. Nosotras tenemos el poder; solo tenemos que aprender a usarlo. Hemos conocido a nuestro enemigo, ahora vistámonos para la batalla.

ANTES DE REUNIRSE: HERRAMIENTAS PRÁCTICAS PARA AYUDARTE A CRECER

Piensa en un pecado específico con el que estás luchando en este momento. Repasemos este pasaje y aplícalo a la lucha que estás enfrentando.

Ponte el cinturón de la verdad. “Estad, pues, firmes, ceñidos vuestros lomos con la verdad...” (Efesios 6:14). El cinturón mantiene al resto de la armadura en su lugar. ¿Qué verdad necesitas recordar hoy para ayudarte en la batalla? Ahora escríbelo y recuerda esta verdad a lo largo del día.

Vístete con la coraza de justicia. “... y vestidos con la coraza de justicia...” (Efesios 6:14). La coraza protege el corazón y otros órganos vitales. La justicia de Cristo es lo que protege nuestra alma. Descansamos en su perfección, no en la nuestra. ¿Cómo puede ayudarte el comprender que ya has sido *declarada* justa en tus esfuerzos por llevar una vida *justa* hoy?

Calza tus pies. “... y calzados los pies con el apresto del evangelio de la paz” (Efesios 6:15). Es difícil pelear una batalla sin el calzado adecuado. ¿De qué manera recordar las buenas noticias del evangelio de la paz te prepara para luchar hoy?

Ponte el escudo de la fe. “Sobre todo, tomad el escudo de la fe, con que podáis apagar todos los dardos de fuego del maligno” (Efesios 6:16). El enemigo enviará sus dardos de fuego de mentira hacia ti. Te dirá que Dios no es bueno o que la Palabra de Dios no es la mejor. Reflexiona sobre la bondad de Dios para tu vida. ¿Qué puedes agradecerle hoy para recordar su fidelidad?

Ponte el yelmo de la salvación. “... y tomad el yelmo de la salvación...” (Efesios 6:17). Tu mente es una de las partes más importantes para la batalla, y necesitas protección. Satanás quiere que dudes de tu salvación. Él te dirá que no eres suficientemente buena, digna o fuerte para luchar. ¿De qué manera protege tu mente de las mentiras del enemigo recordar que la salvación es solo por gracia a través de la fe (y no por obras)?

Toma la espada. “... y la espada del Espíritu, que es la palabra de Dios...” (Efesios 6:17). Si bien todas las demás partes de la armadura son defensivas, tenemos un arma ofensiva: la Palabra de Dios. ¿Qué versículo en particular puede ayudarte en la batalla hoy? Ahora búscalo y escríbelo, y medita en él a lo largo del día.

Vístete de oración y perseverancia. “... orando en todo tiempo con toda oración y súplica en el Espíritu, y velando en ello con toda perseverancia y súplica por todos los santos” (Efesios 6:18). Necesitamos la armadura de Dios y necesitamos su ayuda, por eso oramos en el Espíritu. Como escribió la autora del siglo XVIII Anne Dutton: "Velemos y oremos para que no caigamos en tentación, para que no cedamos a las sugerencias de Satanás o a cualquiera de sus instrumentos para alejarnos de Dios. Sin embargo, perseveremos como guerreros santos, con nuestra armadura puesta, resistamos al diablo y luchemos con todas nuestras fuerzas contra los poderes de las tinieblas".[6] Toma un momento ahora para suplicar a Dios que te ayude en la lucha. Oren también la una por la otra, para que Dios las ayude a perseverar hoy en la lucha contra la tentación.

DURANTE LA REUNIÓN: PREGUNTAS PARA RESPONDER

1. ¿En qué área estás luchando más con la tentación?

2. ¿Hay algún pecado repetitivo que debas confesar y del que debas arrepentirte? Te animo a que no esperes hasta la próxima reunión; confiésalo hoy. El pecado nos mantiene en temor y esclavitud; busca la libertad que viene a través de la confesión y el arrepentimiento.

3. ¿Cómo ves obrar la tentación en tu vida a través del mundo, la carne o el diablo?

4. ¿Con cuál de las cuatro mentiras descritas en el capítulo es más probable que luches durante la tentación? ¿O hay otra mentira que te mantiene atrapada en el pecado?

5. ¿Cómo refuta la Palabra de Dios las mentiras de Satanás? ¿Qué versículo te está ayudando actualmente en tu lucha contra el pecado?

HASTA LA PRÓXIMA REUNIÓN: CÓMO CRECER EN PIEDAD

Según lo conversado, considera un área en la que te gustaría hacer

---

6. Anne Dutton, citada en *Seasons of the Heart: A Year of Devotions from One Generation of Women to Another*, comp. Donna Kelderman (Grand Rapids, MI: Reformation Heritage, 2013), anotación del 7 de enero.

un cambio antes de la próxima reunión. Podría ser comenzar a hacer algo que te ayude a crecer espiritualmente o dejar de hacer algo que está impidiendo el crecimiento espiritual. Escríbelo en el espacio de abajo y habla de ello en la próxima reunión.

9

GOZO EN EL PROCESO

Cultiva el contentamiento en toda circunstancia

La tensión que sientes al tratar de vivir con la esperanza en el cielo mientras vives de lleno en esta vida no es necesariamente un indicio de descontento pecaminoso. Puede ser tan solo una prueba de que eres un ciudadano del cielo que vive en la tierra.

—Betsy Howard

Imagínate por un momento a una mujer parada a la orilla del océano con un vaso en la mano. Tiene una sed desesperante. Piensa: *El agua parece tan refrescante. Si tan solo pudiera tomar un trago, saciaría mi sed.* Se inclina, llena su vaso y se lleva el agua salada a los labios.

En ese momento, querríamos gritar y decirle: "¡No bebas el agua! Puede parecer refrescante, pero solo te dará más sed. Y si sigues bebiendo, morirás".

Le diríamos eso no porque el océano sea malo. De hecho, el océano es bastante bueno. El océano es bello a la vista, estupendo para jugar y beneficioso para todo tipo de vida marina (algunas de las cuales hago de cuenta que no existen cada vez que voy a nadar). Si bien el océano está lleno de muchas cosas buenas, nunca estuvo destinado a saciar nuestra sed. Si lo usamos de una manera para lo cual no fue creado, en realidad nos hará daño.

A menudo somos como esta mujer. Sabemos que tenemos sed, pero seguimos yendo a los lugares equivocados para tratar de encontrar un refrigerio. Creemos que, si podemos resolver todas nuestras circunstancias, nuestra vida sería más fácil, no tendríamos problemas y seríamos más felices. Hoy es probable que tengas algún anhelo o dificultad en tu vida que, si desapareciera, crees que por fin estarías contenta y saciarías tu sed.

Sin embargo, el contentamiento no proviene de un conjunto perfecto de circunstancias (o pregúntale a Eva), y la mayoría de los lugares a los que acudimos en busca de refrigerio solo nos dan más sed. No es que nuestros anhelos sean necesariamente malos o pecaminosos; la mayoría de ellos son buenos. Sin embargo, tendemos a esperar demasiado de ellos. Las relaciones, el éxito, la seguridad financiera, las casas hermosas y una vida de comodidad no pueden satisfacer nuestra sed. Pueden traernos felicidad temporal, pero siempre nos llevarán a desear más. A veces siento que soy la criatura más difícil de satisfacer en el mundo.

Sin embargo, nuestro problema no es que tengamos sed. Nuestra sed es natural: anhelamos algo mejor por una buena razón. Este mundo está roto y lleno de dificultades, pruebas y vidas que no salen como lo planeado. Nuestro problema es a dónde seguimos yendo en busca de algo para beber.

Una de mis palabras de invitación favorita se encuentra en Isaías 55:1-3, un pasaje que vimos anteriormente. Es una invitación para personas sedientas:

> A todos los sedientos: Venid a las aguas; y los que no tienen dinero, venid, comprad y comed. Venid, comprad sin dinero y sin precio, vino y leche. ¿Por qué gastáis el dinero en lo que no es pan, y vuestro trabajo en lo que no sacia? Oídme atentamente, y comed del bien, y se deleitará vuestra alma con grosura. Inclinad vuestro oído, y venid a mí; oíd, y vivirá vuestra alma; y haré con vosotros pacto eterno, las misericordias firmes a David (Isaías 55:1-3).

Es maravilloso que te hagan una invitación, ¿verdad? Es aún más maravilloso cuando alguien te dice: "Solo ven. No traigas nada. Lo único que queremos es que vengas y disfrutes". Qué gran regalo es que te inviten a un rico banquete sin dinero y sin costo alguno. Tal vez te preguntes: "¿Dónde es la fiesta?". Felizmente, Isaías nos dice:

> Buscad a Jehová mientras puede ser hallado, llamadle en tanto que está cercano. Deje el impío su camino, y el hombre inicuo sus pensamientos, y vuélvase a Jehová, el cual tendrá de él misericordia, y al Dios nuestro, el cual será amplio en perdonar (Isaías 55:6-7).

Isaías nos señala la verdadera fuente de agua viva, la fuente de la que fuimos creados para beber: Dios. Solo Dios puede saciarnos de una manera que nos deje realmente satisfechas. Todos los demás lugares donde buscamos refrigerio al final nos dejarán insatisfechas y con deseos de más. Dios, y solo Dios, es la fuente de nuestro contentamiento. Solo cuando bebemos de Él, encontramos vida y en toda su plenitud.

Podrías pensar: "Bueno, he acudido a Dios, he creído en Jesús y todavía tengo sed". Así como comemos a la mañana y tenemos hambre al mediodía, nuestra vida con Dios es un constante acercamiento a Él. Jesús se describió a sí mismo como el pan de vida y dador de agua viva (Juan 6:48; 7:37). Son imágenes del sustento físico diario que necesitamos para vivir. Necesitamos el refrigerio espiritual diario de Jesús para que nuestra alma pueda vivir en verdad y deleitarse con la comida más rica. Dedicaremos este capítulo a comprender el verdadero contentamiento y nuestra malinterpretación del contentamiento, así como también de qué manera una mayor comprensión del carácter de Dios es la fuente de nuestro contentamiento.

SABIDURÍA PARA LA VIDA

Una de mis imágenes favoritas de contentamiento en las Escrituras se encuentra en el Salmo 1 y Jeremías 17. Ambos pasajes describen a un árbol plantado junto a un arroyo. Cuando llega el calor y la sequía, este árbol no tiene nada que temer porque tiene el refrigerio del arroyo. Pase lo que pase, da frutos y sus hojas no se secan. El Salmo 1 señala que esta es la imagen de una persona que se deleita en la Palabra de Dios y medita en ella de día y de noche. Jeremías 17 indica que esta es la persona que confía en el Señor.

Si queremos ser personas contentas, que siempre estén dando frutos, nuestra confianza debe estar en el Señor y nuestro deleite en su Palabra. La definición que me gusta usar para el contentamiento bíblico es esta:

> El contentamiento bíblico es una confianza interna en la soberanía y la bondad de Dios que produce el fruto de gozo, paz y acción de gracias en la vida de un creyente, independientemente de las circunstancias externas.

El contentamiento no está basado en nuestras circunstancias, sino en la naturaleza inmutable de Dios. Cuanto más lo conocemos, más confiamos en Él. El contentamiento es tranquilidad de espíritu, una confianza absoluta en que Dios siempre obra para bien. Pablo fue ejemplo de este tipo de contentamiento mientras escribía a sus amados filipenses desde el interior de una cárcel romana. Sus circunstancias externas eran sombrías, pero estaba lleno de gozo y paz interior. Y reveló su secreto:

> No lo digo porque tenga escasez, pues he aprendido a contentarme, cualquiera que sea mi situación. Sé vivir humildemente, y sé tener abundancia; en todo y por todo estoy enseñado, así para estar saciado como para tener hambre, así para tener abundancia como para padecer necesidad. Todo lo puedo en Cristo que me fortalece (Filipenses 4:11-13).

Veremos tres verdades en este pasaje que nos traen esperanza al reflexionar en el contentamiento.

El contentamiento está disponible en Cristo

Tal vez escuches esto de Pablo y pienses: "Bueno, por supuesto que él puede enfrentar estas pruebas y aun así estar contento; ¡es un súper apóstol! Quiero decir, escribió la mayor parte del Nuevo Testamento. Yo solo soy una persona común y corriente. Nunca podría estar así de contenta". Sin embargo, el contentamiento de Pablo no estaba enraizado en su propia identidad, sino en la de Cristo.

Pablo no era solo un hombre de carácter tranquilo y por naturaleza contento. Su contentamiento provenía de una fuente externa a Él. Así como el árbol plantado junto al arroyo da fruto continuamente, Pablo estaba plantado en Cristo, y esto, no su inclinación natural ni su apostolado, alimentaba su contentamiento.

Estas son las buenas noticias: tú y yo tenemos exactamente el mismo recurso disponible. Cristo está en nosotras y nos da poder para soportar todas las circunstancias y aun así dar fruto. Él nos da fuerzas cuando nuestra fuerza se acaba.

El contentamiento no depende de las circunstancias

Pablo dijo a los filipenses que su contentamiento no dependía ni de la abundancia ni de la miseria. Naturalmente, tendemos a pensar que es difícil estar contentas cuando estamos en necesidad. Sin embargo, tanto la abundancia como la necesidad pueden hacer que estemos descontentas.

Tal vez hoy enfrentes circunstancias que hacen que la vida parezca insoportable. Quizás sientas que no puedes soportar un día más.

Creo que Pablo te entendería con compasión y bondad. Conocía el sufrimiento. Sufrió golpes, azotes, naufragio y hambre, y enfrentó peligros a manos de personas y en distintas circunstancias (2 Corintios 11:24-28). Solo Cristo puede alimentar nuestro contentamiento en circunstancias difíciles. Él nos promete fuerzas para hoy. No mires al mañana. Él puede darte todo lo que necesitas.

Si bien la mayoría de nosotras podemos entender rápidamente por qué es difícil estar contentas cuando la vida es difícil, también es de ayuda considerar la dificultad del contentamiento en tiempos de abundancia. Como muchas de nosotras sabemos, existen dificultades que se interponen entre lo que esperamos:

- Tal vez nos hayamos casado después de años de espera, pero descubrimos que la bendición del matrimonio y la familia tiene su propia lucha. En la plenitud de la vida familiar, podríamos estar luchando para estar contentas.

- Tal vez hayamos anhelado tener seguridad financiera y finalmente la hayamos alcanzado, pero ahora enfrentamos la carga de la responsabilidad de administrar bien lo que hemos recibido y lo que hemos trabajado tan duro para conseguir. En la plenitud de la riqueza, podríamos estar luchando para estar contentas.

- Tal vez hayamos anhelado tener éxito y finalmente lo hayamos logrado, pero ahora enfrentamos la realidad de personas que buscan nuestro consejo e influencia. En la plenitud del éxito hay cargas adicionales que pueden dificultar el contentamiento.

Así como la luz del sol es cálida y da vida, pero también puede causar quemaduras de sol y sequía, tener abundancia no es una solución para el descontento. En nuestra plenitud, a menudo olvidamos nuestra necesidad de Cristo y no lo buscamos. Como expresa acertadamente Thomas à Kempis: "No puedes encontrar verdadero contentamiento en ningún regalo temporal, porque no fuiste creado para encontrar deleite en estos. Incluso si poseyeras todas las cosas buenas que Dios ha creado, no podrías sentirte feliz y contento; todo tu gozo y felicidad descansa en el Dios que creó esas cosas".[1]

Ni la abundancia ni la necesidad determinaban el contentamiento de Pablo. Estaba contento porque tenía acceso a la fortaleza de Cristo. Para usar nuestra ilustración anterior: Cristo era el arroyo del que Pablo extraía su fuerza. Es de este arroyo que debemos beber continuamente si alguna vez queremos sentirnos plenas.

El contentamiento se aprende

Cuando nació mi hijo, no salió en silencio al mundo. Salió gritando. No fue necesario que le enseñaran que el mundo no está bien; parecía saberlo intuitivamente. Sin embargo, tardó seis semanas en aprender a sonreír. Por naturaleza, somos criaturas descontentas. Me resulta muy alentador que Pablo dijera que *aprendió* a contentarse. No lo aprendió tan pronto como se convirtió al cristianismo. Mientras atravesaba las distintas circunstancias de la vida, aprendió a depender de Cristo.

¿Cuándo fue la última vez que aprendiste algo nuevo? A medida que envejecemos, tendemos a aferrarnos a lo que sabemos y nos olvidamos de que aprender es un arduo trabajo y, por lo general, implica muchos fracasos. Si alguna vez escuchaste a alguien aprender un nuevo instrumento, sabes a qué me refiero. No puedes esperar tocar todas las notas a la perfección la primera vez que

1. à Kempis, *The Imitation of Christ*, 136.

tocas un instrumento. Se necesitan años de práctica, años de actuaciones fuera de tono o bastante desafinadas, antes que alguien pueda tocar con facilidad y encanto.

Tal vez pienses que eres la estudiante más lenta en la escuela del contentamiento (aunque estoy casi segura de que te gano). Está bien, aprender lleva tiempo. Solía decir a mis estudiantes de matemáticas que, cuando llegaban a ese punto de frustración —el momento cuando querían revolear el lápiz al aire y rendirse por completo—, ese era exactamente el momento cuando estaban aprendiendo algo nuevo. Sin embargo, es difícil. El aprendizaje nos pone a prueba más allá de lo que nos creemos capaces de hacer.

Tus circunstancias de hoy son tu salón de clases para la satisfacción. Es posible que no te gusten esos cursos especiales que te han tocado, pero hay razones para que aprendas esa lección. Dios tiene un propósito para cualquier situación que enfrentes hoy. Como dijo J. I. Packer:

> Tal vez quiera fortalecernos en paciencia, buen humor, compasión, humildad o mansedumbre... Tal vez quiera enseñarnos nuevas lecciones de abnegación y la necesidad de dejar de confiar en nosotros mismos. Tal vez quiera que abandonemos la complacencia o cualquier forma inconsciente de orgullo y presunción. Quizá su propósito sea simplemente acercarnos más a Él... o tal vez Dios nos esté preparando para formas de servicio de las que hoy no tenemos ni idea.[2]

Ya sea que en este momento estés en necesidad o en abundancia, confía en Dios. Deléitate en su Palabra; medita en ella de día y de noche. Él te fortalecerá y suplirá todo lo que necesites. Tu tarea es permanecer en Él.

ENTRE VACILACIONES E INCREDULIDAD

Una de nuestras mayores luchas con el contentamiento es que a menudo tenemos una idea equivocada de lo que significa estar contento. Es de ayuda entender qué *no es* una cosa para tener una comprensión

2. Packer, *Evangelism and the Sovereignty of God*, 86.

más correcta de lo que *es*. Pablo aprendió sobre el contentamiento, pero podemos tener un cuadro más claro de cómo era realmente por lo que escribió a las iglesias sobre su vida. De las cartas de Pablo, a continuación, hay cuatro cosas que no son contentamiento.

1. El contentamiento no es una vida libre de problemas

El contentamiento no es tener toda nuestra vida en orden y en perfecto equilibrio. Tampoco es ese momento idílico donde te meces en una hamaca, bebes limonada y lees un libro en una fresca tarde de otoño, mientras todo el mundo que te rodea se viene abajo. La descripción de Pablo de su estadía en Asia es muy probable que no estaría publicado en Facebook:

> Porque hermanos, no queremos que ignoréis acerca de nuestra tribulación que nos sobrevino en Asia; pues fuimos abrumados sobremanera más allá de nuestras fuerzas, de tal modo que aun perdimos la esperanza de conservar la vida (2 Corintios 1:8).

Abrumados, atribulados, desesperanzados: estas descripciones no se contraponen a un alma contenta. En este mundo no estaremos libres de dificultades. El contentamiento confía en Dios mientras atraviesa las dificultades. El gozo y el dolor pueden caminar juntos y no se contraponen.

2. El contentamiento no es ausencia de conflictos relacionales y angustia del corazón

Pablo tuvo sus desacuerdos relacionales, incluso se apartó de Bernabé por una discrepancia con respecto a Marcos (Hechos 15:39). En medio de un profundo afecto, el ministerio incluyó angustia relacional:

> Porque por la mucha tribulación y angustia del corazón os escribí con muchas lágrimas, no para que fueseis contristados, sino para que supieseis cuán grande es el amor que os tengo (2 Corintios 2:4).

Amar al prójimo significa tenerlos en nuestro corazón. El contentamiento no es una actitud de indiferencia hacia los demás. En cambio, es de esperar que la profundidad de nuestro amor mutuo implique lágrimas: llorar con los que lloran y sentir compasión por su dolor. El contentamiento no se contrapone al anhelo del día cuando la angustia se acabe y no haya más lágrimas.

3. El contentamiento no es una vida sin anhelos ni gemidos de angustia

Cuando consideramos erróneamente el contentamiento como una actitud de constante optimismo, nos perdemos de entrar en una relación más profunda con Jesús. Jesús estaba angustiado en su alma la víspera de su crucifixión y, en agonía, oró varias veces al Padre para que lo librara (Lucas 22:44). Pablo describió su propia experiencia de una angustia similar: "Y por esto también gemimos, deseando ser revestidos de aquella nuestra habitación celestial" (2 Corintios 5:2).

El contentamiento no significa estar libres de deseos, anhelos o circunstancias desgarradoras. Si estás sufriendo o si alguien a quien amas necesita sanidad, clama a Dios en oración. El contentamiento no es apatía o una especie de mentalidad de "al mal tiempo buena cara". Podemos buscar soluciones y ayuda en nuestras pruebas. Podemos decir a los demás que estamos sufriendo. Clamar a Dios por alivio no se contrapone al contentamiento.

4. El contentamiento no es estar libres de temor y ansiedad

Pablo explicó sus circunstancias y su confusión interior con lujo de detalles:

> Porque de cierto, cuando vinimos a Macedonia, ningún reposo tuvo nuestro cuerpo, sino que en todo fuimos atribulados; de fuera, conflictos; de dentro, temores (2 Corintios 7:5).

Pablo enfrentó el peligro externo y el temor interno. Sobrellevaba la presión y la ansiedad diarias por todas las iglesias que estaban bajo su cuidado (2 Corintios 11:28). No ocultó sus luchas, tanto físicas como emocionales. En cambio, llevó sus temores y ansiedades al Señor y experimentó paz en medio de ello. Así exhortó a los filipenses:

> Por nada estéis afanosos, sino sean conocidas vuestras peticiones delante de Dios en toda oración y ruego, con acción de gracias. Y la paz de Dios, que sobrepasa todo entendimiento, guardará vuestros corazones y vuestros pensamientos en Cristo Jesús (Filipenses 4:6-7).

Pablo aprendió el secreto del contentamiento no por la ausencia de dificultades o tribulaciones terrenales, sino al experimentar el poder de la presencia de Cristo tanto en sus tiempos de abundancia como en sus tiempos de necesidad. Recibió la bondad de Cristo en medio de la dureza de la vida. Toda la vida de Pablo testifica: *Cristo es suficiente. Estoy bien con mi Dios.*

CAMINAR POR FE: BUENAS NOTICIAS PARA UNA VIDA LLENA DE GRACIA

Hace unos años, me mudé a una nueva casa. El día de la firma terminó siendo el mismo día que tuve que irme a un retiro de la iglesia en otra ciudad. Firmamos los papeles de compra-venta con mi esposo y luego salimos de la ciudad. Para mi consternación, dejé mi nueva cocina hecha un desastre.

Felizmente, nuestra nueva casa estaba justo detrás de la casa de una de mis buenas amigas. Caminamos juntas en la vida durante años, y ella me conoce mejor que yo a veces. Mientras estaba fuera de la ciudad, ella fue a mi casa y desempacó mi cocina por mí. Lo hizo como yo lo hubiera hecho, incluso mejor en algunos aspectos. Es bueno que te conozcan bien, ¿no es cierto? Me sentí tan amada, no solo por el favor que mi amiga me hizo, sino porque sabía bien lo que yo necesitaba y cómo mostrarme su amor.

Si bien una buena amiga puede conocernos tan bien que hasta puede organizar nuestra cocina, Dios sabe todo sobre nosotras. Él es el maestro alfarero; nosotras somos la arcilla. Él sabe de qué estamos compuestas, nuestra fibra íntima, lo que podemos soportar y sus propósitos para nuestra vida. Él dispone todas nuestras circunstancias con sabiduría y conocimiento más allá de nuestra capacidad de comprensión. Solo un Dios que lo sabe todo puede hacerlo bien. El fundamento de nuestro contentamiento no es un nuevo conjunto de circunstancias, sino una comprensión cada vez mayor del carácter de Dios. Cuanto más lo conocemos, más aprendemos a confiar en Él.

Cada verano pasamos días disfrutando del yate de mis padres en la costa de Carolina del Norte. Siempre ponemos dos anclas en el agua cuando llegamos a tierra para estar protegidos de las corrientes que harían que el barco se vaya a la deriva o encalle. Hay dos anclas del carácter de Dios que me mantienen firme cuando la vida es dura y no entiendo lo que está haciendo: la soberanía de Dios y su bondad. Estas dos anclas nos mantendrán seguras en los mares más turbulentos.

Su soberanía

Por *soberanía* de Dios, me refiero a todas las verdades acerca de Dios que lo hacen diferente de nosotros. Dios conoce todas las cosas. Puede hacer todas las cosas. Está en todas partes. Es el Creador. Dios es Dios. Es el rey de todo el universo y autoridad suprema. No nos pasa nada a ti ni a mí que esté fuera de su plan.

Ahora bien, hay momentos cuando veo lo que Dios está haciendo en mi vida y creo que se equivocó de dirección. Cuestiono sus juicios y su forma de obrar en mi vida. Olvido que soy un ser finito y limitado en mi comprensión. Creo que sé más. Muchos días soy como una niña de dos años que hace un berrinche porque quiere jugar en la calle, pero no entiende el peligro. Sin embargo, Dios sabe todas las cosas y puede hacer todas las cosas. Él conoce mi historia de principio a fin. Sabe lo que es mejor, mientras que yo solo puedo entender lo que me parece bien hoy.

Comprender la soberanía de Dios fortalece nuestra fe cuando vienen las pruebas. Todo lo que estemos soportando no es por casualidad; ha sido cuidadosamente planeado. Nada puede sucedernos fuera del plan de Dios para nuestras vidas. Desde el tráfico que enfrentamos camino al trabajo, hasta la dolorosa aflicción que soportamos, Dios está obrando. Él nunca desperdicia un gramo de nuestro dolor: nuestras pruebas, lágrimas y tentaciones pasan por sus manos de amor.

Su bondad

La soberanía de Dios podría ser aterradora si no estuviera también vinculada a su bondad. Dios no solo tiene el control de todos los sucesos de nuestras vidas; sino que también dispone de todas las cosas para nuestro bien (Romanos 8:28). Es posible que lo que a Él parece bien no siempre sea lo que nosotras queremos. Podría estar bastante contenta de que mi vida se parezca a la vida de mi vecina Jane. Sin embargo, Dios no permitirá que me conforme con menos. Quiere lo mejor para mi vida, quiere que me parezca a Jesús.

Cuando creemos que Dios está obrando para nuestro bien, soportamos las dificultades de manera nueva. Si Él decide no darnos algo que hemos anhelado, confiamos en que debe ser porque tiene algún propósito que en este momento no podemos entender. Creer en Dios lo cambia todo. Comenzamos a darnos cuenta de que la base de nuestro contentamiento no es lo bien que nos vaya, sino la bondad de nuestro Dios.

Por el contrario, nuestra falta de contentamiento tiene sus raíces en la incredulidad. Nos sentimos decepcionadas con Dios y nuestro descontento se convierte en desconfianza. La desconfianza genera desobediencia. En lugar de caminar con Dios en nuestra dificultad, nos alejamos de Dios y seguimos nuestro propio camino. (Este patrón de decepción → descontento → desconfianza → desobediencia resume bastante bien a los israelitas en el Antiguo Testamento).

¿Cómo luchamos contra este patrón de incredulidad? Siempre que me siento tentada a dudar de la bondad de Dios, regreso a la cruz. No hay mayor muestra de la bondad y soberanía de Dios que la cruz de Cristo. Cuando predicó en Pentecostés, Pedro declaró: "A éste, entregado por el determinado consejo y anticipado conocimiento de Dios, prendisteis y matasteis por manos de inicuos, crucificándole" (Hechos 2:23).

La cruz de Cristo no fue un acto de violencia al azar en el que Dios obró para bien. Pablo afirma que fue un hecho planeado de manera providencial, para los fines establecidos por Dios que obró para bien. El suceso más perverso que haya ocurrido en la historia de la humanidad ocurrió de acuerdo con el propósito que Dios había establecido. En el misterio de su providencia, dispuso las acciones de los hombres malvados para bien a fin de rescatarnos de la muerte. Dios usó la muerte para vencer a la muerte.

¿Por qué lo hizo? Lo hizo por nuestro bien, para que pudiéramos pasar la eternidad con Él. Siempre que estoy tentada a creer que soy privada de algo en esta vida o que Dios no se preocupa por mí, la cruz me recuerda lo que Él me ha dado. Si Dios no perdonó a su propio Hijo por mí, ¿no puedo confiar que tiene una razón para aquello que no me da? Como preguntó Pablo: "El que no escatimó ni a su propio Hijo, sino que lo entregó por todos nosotros, ¿cómo no nos dará también con él todas las cosas?" (Romanos 8:32).

El contentamiento presente tiene sus raíces en una realidad pasada (la cruz de Cristo) y una esperanza futura (una eternidad con Cristo). Para tener contentamiento hoy, miramos atrás a la cruz y recordamos el amor que compró nuestra libertad, y esperamos con ansias el día cuando todo estará bien. La esperanza futura produce gozo en el presente. Sin embargo, tenemos que adiestrar nuestra mente para recordar y gozarnos. Lleva tiempo.

Nuestro contentamiento muestra el poder de Cristo que obra en nuestro corazón. Es un testimonio vivo de su gracia. Anuncia la buena noticia con gozo: Él te ha rescatado. Te ha redimido. Estás de camino a casa. La esperanza que mostramos es un testimonio irrefutable para el mundo que nos observa.

ANTES DE REUNIRSE: HERRAMIENTAS PRÁCTICAS PARA AYUDARTE A CRECER

E. B. Pusey, un pastor anglicano, dio las siguientes pautas para crecer en contentamiento. Léelas y considera cómo pueden ayudarte a tener mayor contentamiento.

1. No te quejes de nada, ni siquiera del tiempo.
2. Nunca te imagines en una circunstancia en la que no te encuentras.
3. Nunca compares tu suerte con la de otra persona.
4. Nunca insistas en el deseo de que esto o aquello haya sido, o fuera, diferente de lo que ha sido o es. El Dios Todopoderoso te ama más y es más sabio que tú.
5. No pienses en el mañana. Recuerda que el mañana es

de Dios no tuyo. La parte más dolorosa de la prueba a menudo es esperar. "El Señor proveerá".[3]

DURANTE LA REUNIÓN: PREGUNTAS PARA RESPONDER

1. ¿De qué maneras luchas con el contentamiento?

2. ¿Cómo tiendes a expresar tu falta de contentamiento?

3. ¿Cómo muestra la vida de Pablo que el contentamiento no implica que nuestras circunstancias sean perfectas?

4. ¿De qué manera conocer la soberanía y la bondad de Dios produce más contentamiento?

5. ¿La cruz cómo te asegura el amor de Dios por ti?

6. Dedica un momento a orar para que el Señor te ayude a aprender sobre el contentamiento en las áreas que actualmente estás luchando.

HASTA LA PRÓXIMA REUNIÓN: CÓMO CRECER EN PIEDAD

Según lo conversado, considera un área en la que te gustaría hacer un cambio antes de la próxima reunión. Podría ser comenzar a hacer algo que te ayude a crecer espiritualmente o dejar de hacer algo que está impidiendo el crecimiento espiritual. Escríbelo en el espacio de abajo y habla de ello en la próxima reunión.

3. Citado en Elisabeth Elliot, *Secure in the Everlasting Arms* (Grand Rapids, MI: Baker, 2009), 136.

10

EL SERVICIO

Dedica tu vida a otros

Nuestra esperanza es eterna y no depende de la gratificación o los éxitos inmediatos. Persevera, continúa sirviendo, continúa trabajando diligentemente para el Señor. Aquel a quien servimos ha vencido al pecado y la muerte y es fiel para producir fruto a su debido tiempo y de acuerdo con su propósito. Cuando sabemos que eso es verdad, ningún trabajo realizado para el Señor es en vano.

—Ruth Chou Simmons

Salí del consultorio médico llorando de frustración. Había estado yendo de médico en médico por varias afecciones ocasionales (una tos incesante, problemas estomacales incómodos, un sarpullido facial desagradable) y ahora este médico quería enviarme a otro especialista para que me hicieran más exámenes. Estaba cansada de las visitas a médicos que no parecían ayudar en medio de una agenda ya repleta y una lista demasiado larga de tareas pendientes.

Esa noche, en un esfuerzo por aclarar mi mente, decidí salir a correr. Tenía dos canciones en mi lista de reproducción cuando me topé con un nuevo vecindario que se estaba construyendo al lado del mío. Mientras bajaba la colina y cruzaba de la acera a la carretera, me tropecé. En ese momento, sentí un dolor agudo en el tobillo y escuché un crujido que repercutió a través de mi cuerpo. Cuando traté de apoyarme sobre mi tobillo, casi me desplomo. Sabía que significaba una visita a otro médico.

Los rayos X demostraron lo que temía: me había quebrado el tobillo. Pasé las siguientes tres semanas con muletas, y luego las siguientes nueve semanas después de eso caminando pesadamente con una bota grande. Un pequeño hueso roto dificultaba las tareas más simples. Con muletas, no podía llevar mi taza de té de la encimera de la cocina a mi escritorio (mi silla de oficina con ruedas se convirtió en mi silla de ruedas temporal). Actividades como tomar una ducha, sentarme en el automóvil o subir las escaleras se volvieron extremadamente difíciles. Todo mi cuerpo sufría dolores y molestias por compensar lo que mi tobillo ya no podía hacer.

De manera tangible, mi tobillo roto me ayudó a comprender la importancia de cada parte de mi cuerpo. Para gozar de buena salud, necesito que todo funcione bien, hasta la célula más pequeña. Cuando falta una pieza o no funciona correctamente, se ejerce una mayor presión sobre el resto. Además, inhibe mi capacidad de ayudar y atender a los demás.

Pablo usó la analogía del cuerpo para explicar cómo trabajamos juntos en la iglesia (1 Corintios 12). Fuimos creados y dotados para ser parte de algo más grande que nosotros mismos. Debemos usar nuestros dones para servir a los demás y ser una bendición para el mundo que nos rodea. Si una persona no sirve a otras, todos sufrimos, tanto en la iglesia como en el mundo.

Dedicaremos este capítulo a considerar la parte que cada una de nosotras está llamada a desempeñar en servir a otros. Puede que te sientas como el miembro más pequeño e insignificante del cuerpo de Cristo, pero tu vida importa.

Cristo derramó su amor sobre ti, vino a la tierra para rescatarte y murió para que tuvieras vida. Eres parte de la mejor historia jamás contada. En Cristo, nuestras vidas, al parecer insignificantes, rebosan de significado y propósito.

SABIDURÍA PARA LA VIDA

Jesús dijo a sus discípulos: "En esto conocerán todos que sois mis discípulos, si tuviereis amor los unos con los otros" (Juan 13:35). Esta es la clase de amor que manifestaba la iglesia primitiva:

> y vendían sus propiedades y sus bienes, y lo repartían a todos según la necesidad de cada uno. Y perseverando unánimes cada día en el templo, y partiendo el pan en las casas, comían juntos con alegría y sencillez de corazón, alabando a Dios, y teniendo favor con todo el pueblo. Y el Señor añadía cada día a la iglesia los que habían de ser salvos (Hechos 2:45- 47).

Los primeros discípulos compartían el dinero generosa y alegremente unos con otros, y la gente a su alrededor lo notaba. Las manifestaciones de amor y servicio de unos a otros dentro de la iglesia es uno de los mayores testimonios al mundo que nos observa. Pensar en la necesidad de los demás antes que en la nuestra no es lo que se practica regularmente en el mundo. El mundo nos incita a usar nuestro tiempo y nuestros talentos y bienes para nuestro beneficio y engrandecimiento personal a través de la fama, el poder y la acumulación de riquezas.

En contraste, como creyentes, administramos nuestro tiempo y nuestros talentos y bienes al servicio de los demás. Seguimos los valores del reino de Jesús, que mostró amorosamente el camino hacia la verdadera grandeza mientras lavaba los pies sucios de sus discípulos y sufría la vergüenza de la cruz. Su ejemplo clarifica su enseñanza: "El que es el mayor de vosotros, sea vuestro siervo" (Mateo 23:11).

La Biblia nos muestra una variedad de formas en que podemos servir con amor a los demás al administrar el tiempo, los talentos y los bienes que el Señor nos ha dado.

Nuestro tiempo

El tiempo es una de esas cosas que podemos desperdiciar rápidamente. Es fácil pasar treinta minutos revisando las redes sociales, un par de horas haciendo compras o un día entero viendo la nueva serie de Netflix de la que todos hablan. Pensamos en el tiempo libre del trabajo como *nuestro* tiempo, incluso lo llamamos "tiempo libre". Podemos hacer con este lo que queramos, ¿verdad? Sin embargo, en realidad, el tiempo es uno de los recursos más limitados que tenemos. Podemos adquirir nuevos talentos y aumentar nuestros bienes, pero cada día tenemos menos tiempo. No es un recurso reciclable o renovable. Nuestros días son limitados. El salmista oró: "Hazme saber, Jehová, mi fin, y cuánta sea la medida de mis días; sepa yo cuán frágil soy" (Salmos 39:4); y "Enséñanos de tal modo a contar nuestros días, que traigamos al corazón sabiduría" (Salmos 90:12).

Muchos en el mundo reconocen la brevedad de la vida y toman la decisión de vivir cada día para satisfacer sus propios deseos. Dado que la vida es corta, su consejo es disfrutar esa porción de pastel, dejar a ese molesto cónyuge o viajar por el mundo. Otros intentan prolongar sus días mediante una vida saludable. Algunos intentan prevenir cualquier signo de envejecimiento mediante cirugías cosméticas. Sin embargo, no importa lo que hagamos, el tiempo pasa.

Como cristianos, tenemos una comprensión diferente del tiempo. Pablo advirtió a los efesios: "Mirad, pues, con diligencia cómo andéis, no como necios sino como sabios, aprovechando bien el tiempo, porque los días son malos" (Efesios 5:15-16). Casi puedes oírlo suplicar: *¡No desperdicies tu vida!* Se nos ha dado tiempo en esta tierra para usarlo con fines del reino. Tenemos una vida para vivir, y nuestra comprensión del plan eterno de Dios cambia nuestra forma de usar el tiempo que se nos ha dado.

En su primera carta a la iglesia de Corinto, Pablo les recuerda la gloriosa realidad de la resurrección de Cristo y la esperanza que brinda a todos los que pertenecen a Cristo. Así como Cristo resucitó, nosotros también seremos levantados de entre los muertos. Así como a Él se le dio un cuerpo nuevo, nosotros también recibiremos un cuerpo nuevo. Nuestros cuerpos pueden experimentar la muerte física, pero resucitarán a vida eterna.

La verdad de la resurrección lo cambia todo. Nuestro tiempo en la tierra puede ser limitado, pero nuestros días de vida son eternos. No necesitamos cirugía plástica para mantener nuestros cuerpos prístinos, porque se nos dará un cuerpo nuevo. No tenemos que viajar a todos los países o experimentar todo ahora, porque tenemos una eternidad para gozar y disfrutar la creación de Dios. ¿Cómo vivir a la luz de esta realidad? Pablo nos instruye: "Así que, hermanos míos amados, estad firmes y constantes, creciendo en la obra del Señor siempre, sabiendo que vuestro trabajo en el Señor no es en vano" (1 Corintios 15:58).

En lugar de usar tu tiempo para edificar tu propio reino que no durará para siempre, usa tu tiempo para abundar en la obra del Señor. No es una vida en vano. Es la única vida que tiene sentido. La muerte se acerca, pero sorbida es la muerte en victoria. Toma el tiempo que se te ha dado e inviértelo bien; no en tesoros terrenales, donde la polilla y el orín corrompen, sino en tesoros celestiales. Puedes usar tu tiempo aquí para almacenar tesoros en el cielo, que podrás disfrutar para siempre. No hay mejor inversión.

Nuestros talentos

Pablo escribe a la iglesia en Corinto y les explica que cada persona tiene el don de servir a la iglesia. No todos servimos de la misma manera, pero todos servimos de alguna manera. Además, estamos todos empoderados de la misma manera: "Ahora bien, hay diversidad de dones, pero el Espíritu es el mismo. Y hay diversidad de ministerios, pero el Señor es el mismo. Y hay diversidad de operaciones, pero Dios, que hace todas las cosas en todos, es el mismo" (1 Corintios 12:4-6).

Vamos a utilizar el regalo que hemos recibido para servir a los demás por el bien común. Cada una de nosotras contribuye en algo y todas juntas nos beneficiamos. Es de ayuda pensar en cómo podemos servir mejor, no para limitar nuestro servicio, sino para administrarlo bien. Si un pie tratara de actuar como una mano, podría hacer muy poco. ¿Te imaginas escribir una carta con el pie? ¡Podrías hacerlo, pero no sería lo mejor que haga tu pie!

Pedro nos exhorta a ser buenos administradores de la multiforme gracia de Dios mientras nos servimos unos a otros (1 Pedro 4:10). Eso no significa solo decir que sí a todas las oportunidades de servicio; sino pensar detenidamente cómo servir mejor a los demás, así como pensamos detenidamente cómo gastamos nuestro dinero. Esto no nos impide cumplir con las tareas que debemos hacer (todas podemos colaborar en apilar las sillas o servir en la guardería), nos ayuda a pensar en el mejor uso de nuestros dones por el bien de los demás. Si eres buena con los números, podrías formar parte del comité de presupuesto. Si tu fortaleza es la enseñanza, podrías dirigir un estudio bíblico. Si tienes el don de la hospitalidad, podrías abrir tu apartamento para orar por los demás.

Cada persona es diferente en lo que respecta al servicio. Puede que seas de aquellas personas que dicen "Sí, por supuesto que lo haré", que se apresuran a servir y se comprometen más de lo necesario a hacer cosas buenas (yo soy una de ellas). O puedes ser de aquellas que no responden y necesitan que las animen a decir que sí. Si no estás segura de dónde servir, pregunta a alguien de la iglesia qué necesitan y persevera allí. Tu iglesia necesita de tu servicio.

Nuestros bienes

Según Crown Financial Ministries, la Biblia tiene más de 2350 versículos que hablan de dinero.[1] Estos versículos explican las realidades positivas y negativas de la riqueza y nos guían en la administración de nuestros recursos financieros. El dinero en sí mismo no es malo. De hecho, puede ser una recompensa por una vida de fidelidad. Proverbios instruye: "Las riquezas de los sabios son su corona" (14:24) y "haber precioso del hombre es la diligencia" (12:27).

Al mismo tiempo, el dinero puede ser un obstáculo para quienes depositan su confianza en él. La Palabra nos advierte que el amor al dinero nunca nos saciará (Eclesiastés 5:10) y que es la raíz de todos los males (1 Timoteo 6:10). Jesús enseñó a sus discípulos: "Ningún siervo puede servir a dos señores; porque o aborrecerá al uno y amará al otro, o estimará al uno y menospreciará al otro. No podéis servir a Dios y a las riquezas" (Lucas 16:13).

El dinero es poderoso porque puede convertirse fácilmente en nuestra seguridad. Mientras que las monedas estadounidenses declaran "en Dios confiamos", la realidad que la mayoría de nosotros vivimos es "en el dinero confiamos". El dinero ofrece beneficios tangibles: promete facilidad, comodidad, placer, seguridad, poder y prestigio. Nuestros corazones pueden desviarse fácilmente hacia

1. http://www.crown.org/wp-content/uploads/2017/05/Managing-Our-Finances-Bulletin-Insert.pdf. https://shop.crown.org/p-63-biblical-financial-study-collegiate-edition-student-manual-kjv.aspx.

el amor al dinero porque podemos reconocer rápidamente todo lo que proporciona.

Hebreos nos exhorta: "Sean vuestras costumbres sin avaricia, contentos con lo que tenéis ahora; porque él dijo: No te desampararé, ni te dejaré" (Hebreos 13:5). La presencia de Dios en nuestras vidas asegura nuestra satisfacción de una manera que el dinero nunca podría. Las fortunas financieras pueden cambiar, pero Dios nunca nos dejará. No tenemos nada que temer, porque nuestro verdadero proveedor está siempre presente.

Una forma de poner nuestra confianza en Dios de manera activa y mantener una vida libre de amor al dinero es con la acción de dar. A los israelitas se les instruyó que devolvieran el diez por ciento de sus ganancias a Dios como una ofrenda. Proverbios exhorta: "Honra a Jehová con tus bienes, y con las primicias de todos tus frutos" (Proverbios 3:9). Pablo elogió la generosa ofrenda de los filipenses al apoyar sus esfuerzos misioneros (Filipenses 4:14-18) e instruyó a los corintios a apartar dinero para dar el primer día de cada semana (1 Corintios 16:1-2). Al seguir su ejemplo de cómo devolvían dinero a Dios, lo tenemos en cuenta y lo reconocemos como el principal proveedor de todo lo que poseemos.

Cuando damos de nuestro dinero para apoyar el trabajo de la iglesia, la iglesia puede usar sus recursos para bendecir al mundo. Juntos como un cuerpo podemos hacer más de lo que la mayoría de nosotras podemos hacer solas. Los ministerios de la iglesia ayudan a cuidar a los pobres, los heridos, los perdidos y los marginados. A través de las misiones apoyamos el trabajo de la iglesia en alcanzar a los grupos étnicos a los que nadie ha llegado. La forma en que usamos nuestro dinero afecta a muchos. Pensar bien en cómo gastamos nuestro dinero nos permite ser generosas a la hora de dar.

ENTRE VACILACIONES E INCREDULIDAD

Es difícil administrar bien nuestro tiempo, talentos y bienes en un mundo que nos invita a la autosatisfacción y la realización personal.

Quizás lo más contracultural que podemos hacer es servir con humildad a los demás sin pensar en nosotros mismos. Sin embargo, hay algunas mentiras que nos alejan de una vida de servicio.

Mentira: "En esta etapa de mi vida no tengo tiempo"

Sea cual sea la etapa de la vida en que te encuentres, estoy segura de que estás ocupada. Tus días están repletos de demandas de trabajo, amistades, familia y recados que hacer. Es fácil levantar la bandera blanca de rendición y pensar que tendremos que esperar para servir a los demás en otro momento. En el presente, estamos demasiado ocupadas, abrumadas y agotadas. Lo que necesitamos es un maratón de Netflix, no más oportunidades para servir. Nos aseguramos de que en la próxima etapa tendremos más tiempo para servir al prójimo.

Sin embargo, he descubierto que nunca hay una etapa perfecta para servir a los demás. Si bien hay algunas etapas que nos ponen particularmente a prueba, por lo general somos bastante buenas para llenar cualquier parte libre de nuestro horario con algo que disfrutamos. Podríamos pensar que el próximo año tendremos mucho tiempo, pero en realidad puede que tengas menos tiempo debido a luchas o pruebas inesperadas.

Esta es la realidad: el servicio a los demás tiene un costo para nosotras. Renunciar a cómo nos gustaría usar el tiempo para invertirlo en otros. No es una decisión fácil de tomar. Nos obliga a apartar la mirada de nosotras mismas y mirar a Jesús, quien, por el gozo puesto delante de Él, soportó la cruz. Dio su vida en servicio por ti y por mí. Podemos ser radicales en la forma de usar cada día en el presente porque sabemos que nos espera la eternidad.

Mentira: "Mi servicio no importa"

En mi etapa actual paso mucho tiempo viajando y enseñando la Biblia a las mujeres. Mi tiempo en la carretera significa que no siempre puedo llevarle una comida a una amiga o voluntaria que sufren de distintas maneras. Sé que puede parecer emocionante viajar y enseñar, pero a veces lucho con la sensación de que en realidad mi trabajo no es importante. Como no siempre puedo ver los resultados, me pregunto si las horas de preparación valen la pena. Me pregunto si alguien recuerda lo que dije después de irme. Puedo mirar a algunas de mis otras amigas que sirven de manera más tangible en nuestra comunidad y pensar: *Ellas son las que están sirviendo en el verdadero ministerio.*

Es posible que sientas lo mismo con respecto a tu servicio. Tal vez sufras un dolor crónico que te impida realizar muchas formas de servicio, pero oras fielmente por otros todos los días desde tu sillón. Quizás escuches con paciencia los problemas de los demás y les des consejos sabios. Quizás has estado enseñando en la misma escuela dominical para niños durante treinta años y conoces a todos los niños de la iglesia por su nombre. Tu servicio puede parecer oculto o insignificante, pero Dios ve tus esfuerzos y conoce las obras que haces con humildad. La repetición de pequeños actos de servicio produce una iglesia llena de vida, cambia la comunidad que nos rodea e impresiona al mundo.

Mentira: "Dios no necesita mi dinero"

Cuando se trata de dar nuestro dinero, es tentador pensar que no es importante. Si Dios es dueño de millares de animales en los collados (Salmos 50:10), ¿por qué necesita nuestro dinero? Por supuesto que Dios no necesita nuestro dinero, pero usa nuestro dinero como un medio para lograr sus propósitos.

Más que eso, el dinero actúa como un barómetro de nuestra fe. Damos porque el Espíritu está vivo en nuestro corazón. A medida que nos vamos transformando a la imagen de Jesús, reflejamos cada vez más la generosidad de nuestro Salvador, y eso se desborda en donaciones monetarias.

Podemos pensar: *Daré más cuando tenga más*. Sin embargo, es importante darnos cuenta de que tanto para los ricos como para los pobres es difícil dar. Si bien podríamos suponer que es más fácil para los ricos dar, el dirigente rico se entristeció y se alejó de Jesús porque no podía imaginarse repartiendo sus bienes (Lucas 18:18-20). Por el contrario, Jesús elogió a la viuda pobre: "En verdad os digo, que esta viuda pobre echó más que todos. Porque todos aquéllos echaron para las ofrendas de Dios de lo que les sobra; mas ésta, de su pobreza echó todo el sustento que tenía" (Lucas 21:3-4).

Jesús sabe lo que te cuesta dar de lo que tienes. No te pide que des porque necesita tu dinero. Te pide que des porque es bueno para tu alma. El acto fiel de dar edifica la fe. También produce alegría, porque como cualquiera que da con generosidad puede decirte, "Más bienaventurado es dar que recibir" (Hechos 20:35).

CAMINAR POR FE: BUENAS NOTICIAS PARA UNA VIDA LLENA DE GRACIA

Al caminar por fe, nos convertimos en personas que dan a otros. Compartimos nuestro tiempo, nuestros talentos y nuestros bienes para ayudar a los de nuestra iglesia y el mundo. No solo damos, sino que lo hacemos con alegría, generosidad, sacrificio y amor. Nuestra actitud es importante cuando damos. Es el desborde de un corazón que se deleita en compartir con otros la abundancia que hemos recibido.

Con generosidad y alegría

En medio de muchas aflicciones y profunda pobreza, la iglesia de Macedonia daba con gozo por la gracia de Dios que desbordaba de sus vidas. ¿Cómo podían dar de semejante manera en medio de su propio sufrimiento? Dios obraba en ellos y a través de ellos. Él les daba para que pudieran dar: "para que estéis enriquecidos en todo para toda liberalidad, la cual produce por medio de nosotros acción de gracias a Dios" (2 Corintios 9:11). Dios nos da para que podamos dar a otros y así producir en ellos acción de gracias a Dios.

Nuestra manera de dar importa. Pablo explicó: "Cada uno dé como propuso en su corazón: no con tristeza, ni por necesidad, porque Dios ama al dador alegre" (2 Corintios 9:7). Este versículo no significa esperar hasta estar alegres para dar. Significa que, si damos sin gozo, debemos examinar nuestro corazón. Dar es un acto de adoración. Si estamos tristes en nuestro servicio, eso dice algo sobre nuestra actitud hacia Dios. Pide a Dios que te dé una comprensión más profunda de todo lo que es tuyo en Cristo. No servimos para ser vistas o recibir elogios de otros, sino como una manifestación de alabanza a Dios.

Con sacrificio y amor

Pablo escribió: "Por tanto, hermanos, os ruego por las misericordias de Dios que presenten vuestros cuerpos como sacrificio vivo, santo y agradable a Dios, que es vuestro culto espiritual" (Romanos 12:1). Dar conforme al evangelio es costoso. Requiere sacrificio.

Es una pregunta incómoda, pero debemos hacernos esta pregunta: *¿Cuán sacrificial es mi ofrenda? ¿Cuánto me está costando hoy servir a los demás?"*.

Tiendo a querer huir de estas palabras de Jesús: "Y decía a todos: Si alguno quiere venir en pos de mí, niéguese a sí mismo, tome su cruz cada día, y sígame" (Lucas 9:23). Me gusta la comodidad y la tranquilidad, y tomar la cruz suena difícil y doloroso. Sin embargo, en el evangelio donde todo es al revés, cuando rendimos nuestra vida, la muerte al yo da a luz vida. Podemos sentir que estamos desmayando, pero no nos desanimamos. Aunque por fuera nos vamos desgastando, por dentro nos vamos renovando día a día (2 Corintios 4:16).

Damos con sacrificio porque amamos a nuestro prójimo. Tanto en Romanos 12 como en 1 Corintios 12, Pablo usa la analogía del cuerpo para explicar cómo debemos servirnos unos a otros. En ambos casos, concluye exhortándolos a amarse unos a otros. Primera de Corintios 13 (el pasaje maravilloso que describe el amor) viene de la enseñanza de Pablo sobre el servicio. Al final de 1 Corintios 12, les dice que la forma más excelente de servir es amar (v. 31). Si estamos en Cristo, no importa qué don particular tengamos individualmente, todos hemos sido dotados para amar. Es nuestro parecido familiar y el ADN común que compartimos.

Hemos sido bendecidos para ser de bendición. Sea como sea que sirvamos con nuestro tiempo, talentos o bienes, hagámoslo con generosidad, alegría, sacrificio y amor. Cuando reflejamos el amor que hemos recibido, nuestro servicio brilla ante el mundo que nos observa.

ANTES DE REUNIRSE: HERRAMIENTAS PRÁCTICAS PARA AYUDARTE A CRECER

Opción 1: Prueba de dones espirituales

Tal vez no sepas bien cuáles son tus dones espirituales, pero hay herramientas en línea que son útiles y pueden orientarte. Antes de reunirte con tu mentora, haz una prueba de dones espirituales como las que se ofrecen en el sitio web de Team Ministry o Explore the Bible.[2]

Opción 2: Manejo del dinero

Si quieres concentrarte en administrar tu dinero, te animo a visitar el sitio web de The Truth Project y completar el documento "God's Pattern for Financial Success" [El patrón de Dios para el éxito financiero].[3]

Opción 3: Gestión del tiempo

Si te preocupa tu tiempo, te animo a pensar en cómo pasaste tu tiempo la semana pasada y te preguntes:

1. ¿Cuáles son las dos mayores pérdidas de tiempo en mi vida?

2. ¿De qué forma creativa podría usar mi tiempo de manera más inteligente? (Por ejemplo, si tienes un viaje largo, puedes escuchar un sermón o un podcast).

3. ¿A qué debo dedicar menos tiempo y a qué debo dedicar más tiempo la próxima semana?

DURANTE LA REUNIÓN: PREGUNTAS PARA RESPONDER

1. Repasa la actividad "Cómo crecer en piedad" de la última reunión. ¿Has visto avances en esa área?

2. ¿Comprendes que tu servicio es importante o te resulta difícil pensar que es importante en tu iglesia? ¿Cómo te ha dado Dios el don de servir a los demás? ¿Cómo estás sirviendo actualmente en la iglesia y en tu comunidad?

---

2. https://gifts.churchgrowth.org (selecciona "Spanish" como idioma para hacer la prueba en español); https://blog.lifeway.com/explorethebible/downloads/spiritual-gifts-inventory/ (recurso solo disponible en inglés).

3. "Resources", sitio web de The Truth Project, consultado el 31 de julio de 2019, https://truthproject.webflow.io/resources; https://uploads-ssl.webflow.com/5b86e23f49d2a07415f443d9/5bfeb24d7ffa1be32b8f3367_Gods%20Pattern%20for%20Financial%20Success%20from%20Ron%20Blue%20Institute.pdf (recurso disponible solo en inglés).

3. ¿De qué área te cuesta más dar a los demás: tiempo, talento o bienes? ¿Cuál de las actividades opcionales has realizado? ¿Cómo te ayudó?

4. ¿En qué pierdes más tiempo en tu vida?

5. ¿De qué manera te gustaría ser más generosa con tu dinero?

6. ¿Describirías tu servicio como generoso, alegre, sacrificial y amoroso? ¿Con cuál de estas características descriptivas tienes más problemas? ¿En qué área: tiempo, bienes o talentos?

HASTA LA PRÓXIMA REUNIÓN: CÓMO CRECER EN PIEDAD

Según lo conversado, considera un área en la que te gustaría hacer un cambio antes de la próxima reunión. Podría ser comenzar a hacer algo que te ayude a crecer espiritualmente o dejar de hacer algo que está impidiendo el crecimiento espiritual. Escríbelo en el espacio de abajo y habla de ello en la próxima reunión.

11

EL DISCERNIMIENTO

Elige lo que es mejor

El objetivo del discernimiento no es solo evitar lo malo en esta vida; sino saber lo que es bueno para que podamos adoptarlo y disfrutarlo.

—Hannah Anderson

Esta mañana me desperté, me preparé una taza de té y un desayuno con yogur griego, fresas y un poco de miel. Fue una decisión consciente y reflexiva. Sabía que el yogur aportaría proteínas a mi cuerpo, las fresas proporcionarían antioxidantes y vitaminas, y la miel daría un toque de dulzura al desayuno para hacerlo más agradable.

También sabía que, si esperaba hasta estar fuera de casa, con las ocupaciones del día, estaría tentada a detenerme a comprar un café moka en la cafetería local y un dónut (o dos, porque una nunca es suficiente cuando tienes mucha hambre). Si bien son golosinas agradables, si tomo la decisión diaria de hacer caso a mis antojos y no a lo que es realmente bueno para mi cuerpo, entonces, poco a poco, con el tiempo, mi cuerpo no funcionará tan bien. Ese día me sentiré sin fuerzas después del bajón de azúcar debido al café moca y el dónut y, con el tiempo, aumentaré de peso, lo que finalmente ejercerá presión sobre las demás partes de mi cuerpo.

Lo que hago hoy es un factor importante que determina como disfrutaré mañana.

Todos y cada día, tomamos pequeñas decisiones que componen toda una vida. Cuanto más tiempo pasemos en esta vida y más sabiduría obtengamos, más preparadas estaremos para discernir qué es lo mejor. Conozco el bajón de azúcar que sigue a un par de dónuts porque lo he experimentado… muchas veces. Conozco los beneficios para la salud de comer bien porque he leído artículos y he adquirido conocimientos. Una combinación equilibrada de conocimiento, comprensión, sabiduría y experiencia redunda en discernimiento.

Así como no es pecado comerse un dónut, muchas de las decisiones espirituales que tomamos cada día no son necesariamente elecciones entre lo bueno y lo malo. Sin embargo, la acumulación de estas elecciones produce poderosos resultados a largo plazo. Las pequeñas decisiones que tomamos son importantes: *¿Leo la revista People o un devocional diario con mi café matutino? ¿Reviso mi Instagram o memorizo las Escrituras mientras espero en la fila? ¿Gasto mi dinero en esto o aquello? ¿Pongo la última canción de los 40 principales o escucho música de adoración?* No es una decisión individual que tomas una sola vez, sino toda una vida de decisiones la que nos coloca en la trayectoria hacia el crecimiento espiritual o nos aleja de este.

Además, tenemos que tomar decisiones importantes que cambiarán nuestra vida: *¿Qué trabajo debería tomar? ¿Con quién debería casarme? ¿Dónde debería vivir?* Para las muchas decisiones diarias que tenemos ante nosotras, grandes o pequeñas, necesitamos discernimiento. Dedicaremos este capítulo a considerar qué es el discernimiento y cómo obtenerlo, de qué forma discernir la voz de los falsos maestros y la influencia que tiene el discernimiento en nuestras vidas mientras caminamos por fe.

SABIDURÍA PARA LA VIDA

Vivimos en la era de la información. Podemos acceder a todo tipo de estadísticas con solo presionar un botón. En realidad, ya ni siquiera tenemos que presionar un botón, ahora solo basta con preguntar a Alexa. Tenemos más datos que nunca a nuestra disposición. Sin embargo, también es cada vez más difícil distinguir la realidad de la ficción y lo verdadero de lo falso. En medio de tanta información buena y útil, vivimos en la era de las noticias falsas, los sitios web falsos y estafas en Internet que intentan engañarnos.

En su libro *Discernimiento: Una disciplina práctica y espiritual,* el autor Tim Challies ofrece una definición útil: "El discernimiento es la habilidad de comprender y aplicar la Palabra de Dios con el propósito de separar la verdad del error y lo bueno de lo malo".[1]

Tanto nuestro modo de pensar como de vivir necesitan discernimiento, porque pensar en lo verdadero nos ayudará a vivir correctamente. Por eso Pablo enfatizó la importancia de tener mucho cuidado con nuestras vidas y nuestra doctrina (1 Timoteo 4:16). Ambas cosas importan y cada una incide en la otra.

Para una definición más simple, me gusta señalar que *el discernimiento es sabiduría al tomar una decisión.* Cada día elegimos qué pensar y cómo vivir. El discernimiento es la aplicación práctica de la sabiduría a nuestras decisiones, desde con quién nos vamos a casar hasta qué vamos a escuchar en la radio.

Proverbios 9 habla de la realidad de que hay dos voces que nos llaman a cada una de nosotras todos los días y nos invitan a escuchar. La primera voz que compite por nuestra atención es la sabiduría:

> La sabiduría edificó su casa,
> Labró sus siete columnas.
> Mató sus víctimas, mezcló su vino,
> Y puso su mesa.
> Envió sus criadas;
> Sobre lo más alto de la ciudad clamó.
> Dice a cualquier simple: Ven acá.
> A los faltos de cordura dice:
> Venid, comed mi pan,
> Y bebed del vino que yo he mezclado.

---

1. Tim Challies, *The Discipline of Spiritual Discernment* (Wheaton, IL: Crossway, 2007), 61. Publicado en español por Editorial Unilit con el título *Discernimiento: Una disciplina práctica y espiritual.*

Dejad las simplezas, y vivid,
Y andad por el camino de la inteligencia (vv. 1-6).

La sabiduría clama por nuestra atención y nos promete vida. Sin embargo, hay otra voz que nos llama:

La mujer insensata es alborotadora;
Es simple e ignorante.
Se sienta en una silla a la puerta de su casa,
En los lugares altos de la ciudad,
Para llamar a los que pasan por el camino,
Que van por sus caminos derechos.
Dice a cualquier simple: Ven acá.
A los faltos de cordura dijo:
Las aguas hurtadas son dulces,
Y el pan comido en oculto es sabroso.
Y no saben que allí están los muertos;
Que sus convidados están en lo profundo del Seol (vv. 13-18).

Mientras estudiamos estos dos pasajes, observa que tanto la sabiduría como la insensatez claman en voz alta y nos invitan a su casa. Además, ambas invitan a las mismas personas (cp. con los vv. 4 y 16): *los simples y los faltos de cordura*. Desdichadamente, somos nosotras. Somos criaturas limitadas, finitas y simples. Incluso la más brillante de nosotras tiene una comprensión y una perspectiva insuficientes.

Sin embargo, la sabiduría y la insensatez difieren en algo importante: en lo que ofrecen. El camino de la sabiduría conduce a la vida, mientras que el camino de la insensatez conduce a la muerte. Eso significa que tenemos ante nosotras una decisión crucial. La invitación que aceptamos es de suma importancia. ¿Cómo eligen los simples la sabiduría? ¿Cómo discernir la voz de la verdad de la voz de la insensatez?

Felizmente, el pasaje nos muestra la solución. Entre ambas invitaciones, justo en la mitad de este proverbio, leemos: "El temor de Jehová es el principio de la sabiduría, y el conocimiento del Santísimo es la inteligencia" (Proverbios 9:10).

Si queremos encontrar la vida y elegir la mejor parte, comencemos con Dios. Nuestro temor de Él no es un temor cobarde que huye de Dios, sino un temor reverente que nos acerca a Dios. Escuchamos su Palabra como aquellos que reconocen que, aunque somos simples, Dios no lo es. Él es infinito, omnisciente y lleno de sabiduría, conocimiento y verdad. Sus caminos son seguros. Él conoce todas las cosas, y creó todas las cosas. La Palabra de Dios nos da algo más que otro punto de vista. Nos da acceso al entendimiento infinito de Dios. Nuestra dependencia de la Palabra de Dios nos hace sabias. Escucharla nos ayuda a conocer la voz de Dios para que podamos discernir entre la sabiduría y la insensatez que nos llaman.

Es importante aclarar que el discernimiento no es necesariamente el resultado de la edad, la experiencia, los viajes, la lectura o los títulos de estudios superiores. Algunas personas muy experimentadas, educadas y cultas pasan toda su vida tomando muy malas decisiones. La experiencia y el conocimiento pueden ofrecernos cierta intuición, pero son intrascendentes en comparación con la Palabra de Dios. La edad puede hacernos saber más que una joven de veinte años, pero es solo una pequeña gota de conocimiento. En cambio, la Palabra de Dios tiene un océano de comprensión del que podemos extraer.

A medida que caminamos con Dios, aprendemos de Él y crecemos en nuestro conocimiento de Él, crecemos en discernimiento. Es una habilidad que se adquiere a medida que se pone en práctica. El escritor de Hebreos lo explicó de esta manera:

> Porque debiendo ser ya maestros, después de tanto tiempo, tenéis necesidad de que se os vuelva a enseñar cuáles son los primeros rudimentos de las palabras de Dios; y habéis llegado a ser tales que tenéis necesidad de leche, y no de alimento sólido. Y todo aquel que participa de la leche es inexperto en la palabra de justicia, porque es niño; pero el alimento sólido es para los que han alcanzado madurez, para los que por el uso tienen los sentidos ejercitados en el discernimiento del bien y del mal (Hebreos 5:12-14).

No todo el mundo pasa de la leche a la alimentación sólida. El discernimiento se aprende cuando aplicamos la Palabra de Dios a todas las decisiones que tomamos cada día, desde los libros que leemos hasta el trabajo que tomamos. Se necesita práctica constante para distinguir entre lo bueno y lo malo y aplicar la Palabra de Dios a todas las áreas de nuestra vida.

Cuando estaba aprendiendo a cocinar, pasaba mucho tiempo leyendo recetas y las seguía al pie de la letra. Me ayudaba a obtener una comprensión general de cómo combinar los sabores. Sin embargo, cuanto más pasa el tiempo, menos sigo las recetas. Puedo probar una salsa y sé que necesita paprika, orégano, ajo, sal o pimienta. Con el tiempo, he aprendido a discernir lo que falta y a saber lo que se necesita.

El discernimiento en la vida cristiana funciona de manera similar. Se necesita conocimiento y práctica constante para aprender a distinguir entre lo bueno y lo malo. Con el tiempo, la sabiduría eterna que obtenemos de la Palabra de Dios aumenta nuestra sabiduría situacional para las decisiones diarias. Seremos capaces de diferenciar nuestras circunstancias y discernir más rápidamente qué es lo mejor. También podremos detectar más rápidamente la sabiduría falsa cuando llame a nuestra puerta. Y si hay algo de lo que podemos estar seguras es de esto: la insensatez llamará a la puerta y nos invitará a su fiesta de muerte.

CUANDO CAMINAMOS EN INCREDULIDAD

A la hora de tratar de relacionarnos con el mundo que nos rodea y tomar decisiones correctas, es importante reconocer que no solo hay noticias falsas en el mundo; también hay falsos maestros en la iglesia. Tenemos una plétora de editores y podcasts que promueven como creyentes a personas cuya vida no refleja las enseñanzas de Jesús. Sus palabras equivocadas influyen tanto en nuestra manera de pensar como de vivir. Para ayudarnos a discernir qué voces escuchar, ofreceré tres principios sobre los falsos maestros, así como cuatro formas de detectarlos.

Principio 1: Los falsos maestros parecen cristianos

Podemos pensar que siempre es seguro escuchar las voces dentro de la iglesia, pero Jesús nos advirtió que tengamos mucho cuidado:

"Guardaos de los falsos profetas, que vienen a vosotros con vestidos de ovejas, pero por dentro son lobos rapaces" (Mateo 7:15).

Una de las realidades más difíciles de los falsos maestros es que parecen verdaderos cristianos. Nos parecerán simpáticos y agradables. Hablarán sobre el cristianismo y sus vidas parecerán reflejar una fe viva, pero, con el tiempo, sus frutos los pondrán al descubierto. ¿Recuerdas a Judas? Siguió a Jesús durante tres años. Jesús lo envió a sanar enfermos, resucitar muertos y echar fuera demonios (Mateo 10:5). Cuando Jesús dijo a los discípulos que uno de ellos lo traicionaría, ninguno de ellos sabía quién sería (Juan 12:22). En cambio, todos se señalaron a sí mismos y preguntaron a Jesús: "¿Seré yo?" (Marcos 14:19).

Estos hombres viajaron con Judas, ministraron con Judas y convivieron día tras día con Judas durante tres años. Sin embargo, ninguno de ellos sabía que era un falso seguidor de Jesús. Seguramente se sorprendieron y se angustiaron cuando se enteraron de su traición. Es doloroso darse cuenta de que las personas a las que respetas y admiras pueden no ser quienes dicen ser. Sin embargo, todos debemos ser conscientes de la realidad de que algunos que parecen cercanos a Jesús no lo están siguiendo en verdad. Muchos pueden tener una relación externa con Jesús, pero carecen de afecto interno por Jesús. Con el tiempo, el fruto de sus elecciones los pondrá al descubierto.

Principio 2: Los falsos maestros tienen seguidores

Una segunda realidad sobre los falsos maestros es que enseñan lo que la gente quiere escuchar. Pablo advirtió a Timoteo: "Porque vendrá tiempo cuando no sufrirán la sana doctrina, sino que teniendo comezón de oír, se amontonarán maestros conforme a sus propias concupiscencias, y apartarán de la verdad el oído y se volverán a las fábulas" (2 Timoteo 4:3-4).

Cuando veas personas que corren detrás de una nueva enseñanza, no significa que debas escucharla solo porque es popular. Algunos maestros tomarán la Biblia y la distorsionarán para adaptarla a sus propios fines, así como a los deseos de sus oyentes. El cristianismo es una fe histórica, con creencias que trascienden las culturas y comunidades. Si bien podemos expresar viejas verdades de una manera nueva, no estamos buscando una nueva verdad. Debemos preocuparnos cuando la enseñanza se aparta de la doctrina bíblica histórica.

Principio 3: Los falsos maestros finalmente se revelan

Jesús, Pablo y Pedro advirtieron contra los falsos maestros. Su instrucción nos recuerda que debemos tener mucho cuidado. Sin embargo, también debemos tener discernimiento para detectar las enseñanzas incorrectas. No se nos ha exhortado a revisar Twitter con armas teológicas potentes, preparadas para derribar cada falsa declaración que se pronuncie. Es importante recordar que todo maestro *equivocado* no es un maestro *falso*.

En el libro de los Hechos, Lucas nos cuenta la historia de Apolos, un hombre elocuente, entendido en las Escrituras. Sin embargo, su enseñanza no era del todo correcta, porque solo sabía del bautismo de Juan. Le dijimos: "Y comenzó a hablar con denuedo en la sinagoga; pero cuando le oyeron Priscila y Aquila, le tomaron aparte y le expusieron más exactamente el camino de Dios" (Hechos 18:26). La enseñanza de Apolos no era del todo correcta. Sin embargo, no era un falso maestro; solo necesitaba crecer en su entendimiento. Todos cometeremos errores teológicos. Aunque he tratado de ser fiel a las Escrituras, ¡probablemente he cometido errores al escribir este libro!

Esta realidad expone nuestra necesidad de sabiduría situacional. No descartaría necesariamente la enseñanza de alguien debido a una declaración incorrecta. Sin embargo, con el tiempo, podemos comenzar a reconocer ciertas señales que nos ayudan a detectar la diferencia entre un maestro falso y un maestro equivocado.

Señal 1: Los falsos maestros no están dispuestos a responder a la corrección. Una señal de los falsos maestros es su respuesta a la corrección. Apolos recibió la corrección de Priscila y Aquila y continuó ayudando mucho a la iglesia en Acaya (Hechos 18:27). Los maestros piadosos que podrían tener algunos errores teológicos agradecen cuando reciben una corrección. Son conscientes de su propia necesidad de crecimiento. Por el contrario, los falsos maestros se niegan a ser corregidos. Cuando se enfrentan al error, se afirman más en su posición, no están dispuestos a escuchar a otros que no piensen como ellos.

Señal 2: Los falsos maestros se colocan por encima de la Palabra de Dios en lugar de colocarse debajo. Los falsos maestros escogen pasajes bíblicos que se adapten a sus propios fines. Sacan versículos fuera de contexto para demostrar su argumento en lugar de someterse humildemente a todo el consejo de Dios. En cierto sentido, se colocan por encima de la Palabra de Dios, porque la están usando para demostrar su argumento en lugar de aprender de la Palabra de Dios y permitirle humildemente enseñarles, corregirlos y reprenderlos. Los falsos maestros usan la Palabra para ganar una discusión mientras ellos mismos no escuchan ni aprenden de ella.

Señal 3: Los falsos maestros se apartan del cristianismo histórico. El cristianismo tiene una larga historia. Durante siglos se han debatido y discutido las verdades teológicas. Los errores teológicos a menudo resurgen con ligeras variaciones para cada nueva generación. Si bien estos errores pueden ganar terreno durante una temporada, con el tiempo la verdad triunfa. Cuando un maestro de la Biblia afirma tener una nueva interpretación que se aparta del cristianismo histórico, debemos preocuparnos de inmediato, especialmente si la nueva enseñanza se ajusta más a las normas culturales cambiantes que a la verdad bíblica.

Señal 4: Con el tiempo, la vida de los falsos maestros expondrá el fruto de su fe. Pedro nos advierte: "Pero hubo también falsos profetas entre el pueblo, como habrá entre vosotros falsos maestros, que introducirán encubiertamente herejías destructoras, y aun negarán al Señor que los rescató, atrayendo sobre sí mismos destrucción repentina. Y muchos seguirán sus disoluciones, por causa de los cuales el camino de la verdad será blasfemado, y por avaricia harán mercadería de vosotros con palabras fingidas. Sobre los tales ya de largo tiempo la condenación no se tarda, y su perdición no se duerme" (2 Pedro 2:1-3).

Las palabras de Pedro nos ayudan a conocer el fruto que con el tiempo expone a los falsos maestros: orgullo, sexo y dinero. En su orgullo, los falsos maestros niegan la enseñanza de Jesús y blasfeman contra el camino de la verdad. Hablan de su amor por

Jesús mientras enseñan lo contrario a su Palabra. En segundo lugar, siguen un camino de sensualidad. Por lo general, su enseñanza sobre la sexualidad o su práctica de la sexualidad es contraria a la Biblia. Por último, los falsos maestros son amantes del dinero. Su codicia por la riqueza los lleva a explotar a sus seguidores.

Desdichadamente, los falsos maestros viven entre nosotros en la iglesia, lo que afecta nuestra manera de pensar y vivir en el mundo. Sus palabras arrojan dudas y confusión sobre la Biblia. Con el tiempo, sus palabras y vidas falsas quedan expuestas, pero también queremos aprender a distinguir rápidamente la verdad del error y lo bueno de lo malo. Queremos poder detectar cuando algo está mal teológicamente. A veces, las mayores influencias en nuestras vidas no son los libros que leemos o la enseñanza que escuchamos, sino las amistades con las que conversamos durante el almuerzo. ¿Cómo desarrollamos prácticamente nuestra capacidad de discernir qué consejos escuchar y cuáles rechazar?

CAMINAR POR FE: BUENAS NOTICIAS PARA UNA VIDA LLENA DE GRACIA

Cuando mi amiga Ángela se graduó de la universidad, trabajaba como cajera de un banco. Pasó semanas de capacitación antes de atender a los clientes. Una cosa que me sorprendió fue el método de capacitación utilizado para ayudar a los empleados a detectar el dinero falso. Durante semanas, los cajeros trabajaron solo con dinero real. Les enseñaron todas las características verdaderas de cada billete: qué marcas especiales buscar en cada uno que recibieran. Nunca les mostraron un billete falso en la capacitación inicial.

Finalmente, los entrenadores comenzaron a filtrar billetes falsos junto con los reales. Ángela me dijo que después de semanas de mirar solo billetes verdaderos, era fácil detectar los falsos, incluso las buenas falsificaciones. Su mente era tan consciente de qué marcas buscar, que podía identificar fácilmente los billetes falsos, sin importar cuán creativo pudiera haber sido el que los falsificó.

El banco tuvo una buena razón para enseñarle de esta manera. Hay muchas formas de hacer dinero falso. Los falsificadores son cada vez más creativos en su trabajo. Sin embargo, existe solo un tipo de dinero que es verdadero. La mejor manera de discernir lo falso es estar tan familiarizado con lo verdadero, que puedas detectarlo de inmediato.

Lo mismo se aplica a nosotras cuando tratamos de reconocer las falsas enseñanzas. Satanás es astuto en su engaño. Es el padre de la mentira y tergiversa las Escrituras para adaptarlas a su nefasto propósito: nuestra destrucción (Juan 10:10). La mejor manera de crecer en nuestro discernimiento es estudiar la verdad. ¿Dónde encontramos la verdad? La encontramos en la Palabra de Dios.

Para poder discernir, necesitamos la Palabra de Dios de todas las formas posibles. Si consideras lo que hemos visto en este libro, la Palabra de Dios ha sido el hilo conductor constante para el crecimiento espiritual.

- Leer, estudiar y memorizar la Palabra de Dios por nuestra cuenta (capítulo 3).
- Escuchar enseñanzas de la Palabra de Dios y estudiarla con otros en la iglesia (capítulo 4).
- Testificar de la Palabra de Dios a otros a través de la evangelización (capítulo 5).
- Declarar la Palabra de Dios mientras abrimos nuestro corazón a Dios en oración (capítulo 6).
- Vivir la Palabra de Dios al amar a nuestra familia y nuestras amistades (capítulo 7).
- Usar la Palabra de Dios como nuestra espada en la lucha contra la tentación (capítulo 8).
- Recordar la Palabra de Dios para hallar contentamiento en Él (capítulo 9).
- Experimentar el poder de la Palabra de Dios mientras servimos en la iglesia (capítulo 10).

La Palabra de Dios es vital para el discernimiento. Hebreos 4:12 dice: "Porque la palabra de Dios es viva y eficaz, y más cortante que toda espada de dos filos; y penetra hasta partir el alma y el espíritu, las coyunturas y los tuétanos, y discierne los pensamientos y las intenciones del corazón".

La Biblia nos guía en la verdad y nos conduce por el camino de la vida. Así es como Jesús nos habla hoy. La Palabra de Dios nos protege al llenar nuestra mente con la verdad para que podamos detectar más fácilmente lo que es falso. Es imposible tener discernimiento espiritual sin la Palabra de Dios.

También podemos pedir discernimiento a Dios. Así como Pablo oró por sus amados filipenses, nosotras podemos orar unas por otras:

> Y esto pido en oración, que vuestro amor abunde aun más y más en ciencia y en todo conocimiento, para que aprobéis lo mejor, a fin de que seáis sinceros e irreprensibles para el día de Cristo, llenos de frutos de justicia que son por medio de Jesucristo, para gloria y alabanza de Dios (Filipenses 1:9-11).

Crecer en discernimiento no nos promete una vida fácil y sin problemas. Sin embargo, nos conduce a una vida fructífera, aquella que se vive para la gloria y alabanza de Dios.

La última forma de desarrollar discernimiento es buscar y escuchar a creyentes de más años en la iglesia (¡que es mi esperanza al escribir este libro!). Estos creyentes mayores tienen mucho que ofrecer. Han visto buenos deseos que no se cumplen, han perdido a seres queridos, han atravesado dificultades en sus matrimonios, han luchado contra el cáncer, han orado por sus hijos pródigos y han experimentado la pérdida del trabajo. También han sido testigos de la presencia y la provisión de Dios en cada momento de sus vidas. Puede ser tentador escuchar a los treinta y tantos en línea con muchos consejos llamativos, pero te animo a que te acerques a una mujer mayor de tu iglesia. Pídele que te guíe, que ore por ti y te dé consejos sabios para discernir qué es lo mejor.

Al concluir este libro, es posible que te preguntes si estas pequeñas decisiones diarias son importantes. ¡Sí, lo son! He estado caminando con el Señor por más de treinta años. En muchos sentidos, este libro es un resumen de todo lo que he desarrollado en mi vida al confiar en Dios. Estas son las verdades que más deseo dar a conocer a las mujeres más jóvenes que me rodean.

¿Puedo decirte algo? No me arrepiento de un solo momento de mi caminar con Dios y de hacer del tiempo en su presencia mi mayor prioridad. Sus caminos son verdaderos. Su senda es segura. Él es más precioso para mí hoy que cuando mi alma recibió por primera vez las buenas nuevas. Él es la fuente de agua viva, el festín continuo que disfrutamos y el autor de todo lo bueno. Los sencillos pasos diarios de la lectura de la Biblia, la asistencia a la iglesia, la evangelización, la oración, el amor al prójimo, la lucha contra la tentación, el servicio en la iglesia, el aprendizaje del contentamiento y el desarrollo del discernimiento nos llevan por el camino de la bendición porque nos llevan a Jesús. Puede que no parezca la vida más emocionante, pero no hay mejor manera de vivir. Confía en Él, síguelo y aférrate a la verdad:

> Bienaventurado el varón que no anduvo en consejo de malos,
> Ni estuvo en camino de pecadores,
> Ni en silla de escarnecedores se ha sentado;
> Sino que en la ley de Jehová está su delicia,
> Y en su ley medita de día y de noche.
> Será como árbol plantado junto a corrientes de aguas,
> Que da su fruto en su tiempo,
> Y su hoja no cae;
> Y todo lo que hace, prosperará (Salmos 1:1-3).

ANTES DE REUNIRSE: HERRAMIENTAS PRÁCTICAS PARA AYUDARTE A CRECER

Para la discípula: repasa las distintas semanas de este estudio y considera de qué manera te ha ayudado a crecer en discernimiento el tiempo que pasaste con tu mentora. ¿Qué consejos específicos y palabras de sabiduría te han ayudado? Escríbalos en el espacio de abajo y háblalo con tu mentora en la próxima reunión.

Para la mentora: ¿En qué sentido ha sido una bendición para ti este tiempo de discipulado con una mujer más joven? ¿Cómo has crecido en este proceso? ¿Qué palabras de aliento puedes ofrecer?

DURANTE LA REUNIÓN: PREGUNTAS PARA RESPONDER

1. ¿Para qué situaciones actuales de tu vida necesitas discernimiento?

2. ¿En qué has visto que las pequeñas medidas y decisiones tienen grandes efectos con el paso del tiempo (para bien o para mal)?

3. ¿Alguna vez has sido afectada por una falsa enseñanza? ¿Cómo fue?

4. ¿Por qué es tan importante ser una lectora con discernimiento?

5. ¿Cómo afecta lo que pensamos a nuestra forma de vivir?

6. Para obtener discernimiento, necesitamos la Palabra de Dios, al pueblo de Dios y la oración. ¿En cuál de estas áreas necesitas crecer más?

HASTA LA PRÓXIMA REUNIÓN: CÓMO CRECER EN PIEDAD

Dedica un momento con tu mentora para hablar de los planes que tienen. ¿Tú y tu mentora seguirán reuniéndose o se tomarán un descanso? ¿Qué les gustaría estudiar a continuación? Piensen en las ideas y luego oren una por la otra. Agradezcan a Dios por las diversas formas en que les ha permitido crecer juntas durante este tiempo de mentoría.

RECONOCIMIENTOS

Estoy agradecida de poder terminar este libro. El Señor me ha bendecido de manera tierna a lo largo de esta experiencia y una vez más me ha demostrado que es capaz de hacer muchísimo más de lo que puedo pedir o imaginar.

El Señor puso a mi lado amigas que han sido de gran aliento. Tracy Thornton y Angela Queen leyeron lo que yo iba escribiendo y me hicieron comentarios alentadores y me dieron útiles consejos de edición. Estoy agradecida de que Elizabeth Poplin y Wallace Barnes me convencieran de incluir el capítulo final sobre el discernimiento: ¡hacía falta! Detrás de escena, están las fieles oraciones y las palabras de apoyo de Uptown's Women's Care Team, especialmente mis compañeras de trabajo Ginni Fischer y Stephanie Kraska; Susan Foster; Trillia Newbell; Anne Rogers; Chris Vaughn; Erica Crumpler; Kate Willis; Lisa Marie Ferguson; Kimberly Curlin; Peggy Chapman; Macon Collins; Ashley Mink; Dottie Bryan; Lisa Cosper; Anne Abner; Teresa Davis; Amy Henderson; Lauren Palmer; Shanna Davis; y Beth Herring. ¡Atesoro la amistad que me brinda cada una y cada una de sus oraciones que tanto necesito! Cuando escribo, son sus historias las que recuerdo, sus caras las que veo y la amistad de ustedes lo que me impulsa a seguir adelante en la carrera. Gracias por su fidelidad con Dios y por su amor al prójimo; es un gozo y un placer colaborar con ustedes en el evangelio.

Tengo el privilegio de trabajar junto a excelentes editores y escritores talentosos en The Gospel Coalition. Debo un agradecimiento especial a Collin Hansen por alentarme a escribir (y mejorar mi redacción) y por todo el equipo que ha orado por mí en este proyecto. Sarah Zylstra, Betsy Howard, Taylor Turkington,

Megan Hill, Ann Westrate y Courtney Doctor, es un regalo trabajar con cada una de ustedes. Gracias por animarme y orar por este proyecto. Además, es un privilegio ser parte de la familia de Reformed Theological Seminary. Me han animado (especialmente nuestro rector, Ligon Duncan) y me han brindado excelentes recursos que ayudaron en la redacción de este libro.

Estoy en deuda con Robert Wolgemuth y Austin Wilson por su útil ayuda y consejo. Manejan muy bien todos los detalles del proceso de publicación y me dan la libertad de concentrarme en escribir. Gracias por todo lo que hacen.

Realmente disfruté al trabajar con todo el equipo de Crossway en este proyecto. Agradezco a Dave DeWit por su visión de este libro y su valiosa guía. Además de los útiles consejos de edición, Lydia Brownback ha sido muy amable de alentarme en el proceso de escritura. Estoy agradecida por esta oportunidad de trabajar juntas.

Estoy particularmente agradecida por el aliento y la orientación que he recibido a lo largo de estos años. Tracey Moore, Deanne Trollinger, Connice Dyar, Nancy Guthrie y Jen Wilkin, gracias por invertir tiempo en mí. Su amor por Dios, su pueblo y su palabra me ha impresionado de muchas maneras. Gracias por tomarse el tiempo de "llamarme" y animarme en la carrera.

Mi familia fue un gran apoyo mientras trabajaba en este proyecto. Mis padres, Bob y Anita Bryan, me animan en todo lo que hago. Mis hijos, Emma, John y Kate, traen alegría y risa a diario a mi vida. Oraron por mí, me escribieron notas amorosas y con alegría permitieron que dedicara los sábados a escribir.

No podría escribir nada sin el apoyo de mi esposo, Mike. Él ora por mí, me ayuda a encontrar tiempo para escribir y con paciencia responde a todas las preguntas teológicas y bíblicas que le hago regularmente. Es mi mejor amigo, mi fiel animador y un editor incondicional; colabora en todos los sentidos a que pueda escribir. Estoy muy agradecida de atravesar esta experiencia con él.

Y a mis lectores, gracias. Muchas de ustedes me han escrito cartas de aliento después de leer mis otros libros. A menudo, los mensajes llegaban a mi correo electrónico justo cuando me sentía desanimada o no tenía ganas de escribir. Gracias por recordarme por qué escribo.

Para todas aquellas que quieren crecer juntas, esta es mi oración:

> Doy gracias a mi Dios, haciendo siempre memoria de ti en mis oraciones, porque oigo del amor y de la fe que tienes hacia el Señor Jesús, y para con todos los santos; para que la participación de tu fe sea eficaz en el conocimiento de todo el bien que está en vosotros por Cristo Jesús. Pues tenemos gran gozo y consolación en tu amor, porque por ti, oh hermano, han sido confortados los corazones de los santos (Filemón 4-7).

¡Que el Señor las bendiga y las anime!

Apéndice 1

LECTURAS RECOMENDADAS

Capítulo 1: Nos necesitamos unas a otras

Hunt, Susan. *Maternidad espiritual: El modelo de Tito 2 para la mujer de hoy*. El Paso, TX: Editorial Mundo Hispano, 2018.

Capítulo 2: Fíjate expectativas y cuenta tu historia

Furman, Gloria, y Kathleen Nielson, eds. *Word-Filled Women's Ministry: Loving and Serving the Church*. Wheaton, IL: Crossway, 2015. Solo disponible en inglés.

Kruger, Melissa, ed. *Identity Theft: Reclaiming the Truth of our Identity in Christ*. La Grange, KY: The Gospel Coalition, 2018. Solo disponible en inglés.

Capítulo 3: Prueba y verás: Conoce la Palabra de Dios

Arthur, Kay. *Señor, enséñame a estudiar la Biblia en 28 días*. Chattanooga, TN: Precept Ministries International, 2017.

Wilkin, Jen. *Mujer de la Palabra: Cómo estudiar la Biblia con mente y corazón*. Nashville, TN: B&H Español, 2016.

Estos autores ofrecen guías de estudio sobre diferentes libros de la Biblia o temas bíblicos que pueden ayudarte a crecer en tu estudio de la Palabra de Dios.

1 a 2 horas de estudio a la semana

Si estás buscando un estudio bíblico moderno que te lleve a la Palabra de Dios, he disfrutado mucho los estudios de Cynthia Heald, en especial, *Cómo ser una mujer de gracia* (Nashville, TN: Grupo Nelson, 1999); y *Becoming a Woman of Simplicity* (Colorado Springs, CO: NavPress, 2009); solo disponible en inglés.

Los libros de Kathleen Nielson te ayudan a estudiar la Biblia fielmente línea a línea. Disfruté en particular *Proverbs: The Ways of Wisdom*, Living Word Bible Studies (Phillipsburg, NJ: P&R, 2007); y *Psalms,* vol. 1, *Songs Along the Way*, Living Word Bible Studies (Phillipsburg, NJ: P&R, 2009). También tiene estudios sobre muchos otros libros de la Biblia, incluidos Juan, Josué, Colosenses y Nehemías. Todos disponibles solo en inglés.

Los libros de John Stott te colocan fielmente en la Biblia y hacen buenas preguntas. He disfrutado de sus estudios *The Beatitudes: Developing Spiritual Character* (Downers Grove, IL: InterVarsity Press, 1998), solo disponible en inglés; y *El sermón del monte* (Buenos Aires: Ediciones Certeza Unida, 2007); pero ha escrito muchos más.

2 a 4 horas de estudio a la semana

Si alguna vez has querido entender cómo se relacionan entre sí todas las historias de la Biblia, el libro de Courtney Doctor *From Garden to Glory: A Bible Study on the Bible's Story* (Lawrenceville, GA: CDM, 2016) es un excelente estudio bíblico solo disponible en inglés. Courtney te lleva en un recorrido desde Génesis hasta Apocalipsis y te explica cómo cada una de las historias más pequeñas señalan una historia más grande de redención.

Sarah Ivill ofrece estudios profundos sobre varios libros. Para un estudio del Antiguo Testamento, prueba *Ezra and Nehemiah: The Good Hand of Our God Is Upon Us* (Grand Rapids, MI: Reformation Heritage, 2019). Solo disponible en inglés.

La serie *Seeing Jesus in the Old Testament* de Nancy Guthrie (Wheaton, IL, Crossway, 2011-2014) te ayuda a estudiar cómo el Antiguo Testamento señala a Jesús. También tiene un excelente estudio titulado *Santos y sinvergüenzas en la historia de Jesús* (Grand Rapids, MI: Editorial Portavoz, 2021).

El libro de Trillia Newbell *If God Is for Us: The Everlasting Truth of Our Great Salvation* analiza en profundidad uno de mis capítulos favoritos de la Biblia, Romanos 8 (Chicago: Moody, 2019). Solo disponible en inglés.

Jen Wilkin tiene muchos estudios excelentes. Me gustó mucho *1 Peter: A Living Hope in Christ* (Nashville, TN: Lifeway, 2016); y también tiene estudios sobre Génesis, el Sermón del Monte y descargas gratuitas de otros en su sitio web https://www.jenwilkin.net/downloads (solo disponibles en inglés).

Tengo un estudio bíblico sobre el libro de Filipenses llamado *In All Things: A Nine-Week Devotional Bible Study on Unshakeable Joy* (Nueva York: Multnomah, 2018), solo disponible en inglés, así como un estudio bíblico para *Camine con Dios durante su maternidad: Devocional de estudio de once semanas* (Lake Mary, FL: Casa Creación, 2016).

Recursos en video. Los cursos de Coalición por el Evangelio están llenos de excelentes herramientas para el estudio de la Biblia. Tienen recursos para cada libro de la Biblia, así como explicaciones útiles de doctrinas teológicas. Puedes encontrarlos todos en https://www.coalicionporelevangelio.org/cursos/.

Capítulo 4: La iglesia: Nuestro hogar lejos de casa

DeYoung, Kevin, y Ted Kluck. *Why We Love the Church.* Chicago: Moody, 2009. Solo disponible en inglés.

Hill, Megan. *A Place to Belong: Learning to Love the Local Church.* Wheaton, IL: Crossway, 2020. Solo disponible en inglés.

Capítulo 5: ¡Buenas noticias! Testifica de tu fe a otros

Packer, J. I. *El evangelismo y la soberanía de Dios.* Graham, NC: Publicaciones Faro de Gracia, 2008.

Pippert, Rebecca. *Fuera del salero: Para servir al mundo.* Barcelona: Editorial Andamio, 2011.

Capítulo 6: La oración: Abre tu corazón a Dios

Arthur, Kay. *Lord, Teach Me to Pray in 28 Days*. Eugene, OR: Harvest, 1982. Solo disponible en inglés.

Hill, Megan. *Praying Together: The Priority and Privilege of Prayer: In Our Homes, Communities, and Churches*. Wheaton, IL: Crossway, 2016. Solo disponible en inglés.

Keller, Timothy. *La oración: Experimentando asombro e intimidad con Dios*. Nashville, TN: B&H Español, 2016.

Capítulo 7: Familia y amistades: Ama a tu prójimo más cercano

Hoover, Christine. *Messy Beautiful Friendship: Finding and Nurturing Deep and Lasting Relationships*. Grand Rapids, MI: Baker, 2017. Solo disponible en inglés.

Keller, Timothy y Kathy Keller. *El significado del matrimonio: Cómo enfrentar las dificultades del compromiso con la sabiduría de Dios*. Nashville, TN: B&H Español, 2017.

Tripp, Paul David. *¿Qué estabas esperando? Redimiendo las realidades del matrimonio*. Graham, NC: Publicaciones Faro de Gracia, 2013.

Capítulo 8: Las tentaciones: En el mundo, pero no del mundo

Brooks, Thomas. *Remedios preciosos contra las artimañas de Satanás*. Carlisle, PA: El Estandarte de la Verdad, 2009.

Capítulo 9: Gozo en el proceso: Cultiva el contentamiento en toda circunstancia

Hill, Megan. *Contentment: Seeing God's Goodness: 31-Day Devotionals for Life*. Phillipsburg, NJ: P&R, 2018. Solo disponible en inglés.

Burroughs, Jeremiah. *El contentamiento cristiano, una joya rara*. Graham, NC: Publicaciones Faro de Gracia, 2014.

Kruger, Melissa. *La envidia de Eva: Cómo encontrar contentamiento en un mundo codicioso*. Grand Rapids, MI: Editorial Portavoz, 2022.

Capítulo 10: El servicio: Dedica tu vida a otros

Challies, Tim. *Haz más y mejor, Una guía práctica sobre productividad*. El Paso, TX: Editorial Mundo Hispano, 2017.

Perman, Matt. *What's Best Next: How the Gospel Transforms the Way You Get Things Done*. Grand Rapids, MI: Zondervan, 2014. Solo disponible en inglés.

Tozer, A. W. *La búsqueda de Dios*. Camp Hill, PA: Wingspread, 2008.

Capítulo 11: El discernimiento: Elige lo que es mejor

Anderson, Hannah. *All That's Good: Recovering the Lost Art of Discernment*. Chicago: Moody, 2018. Solo disponible en inglés.

Challies, Tim. *Discernimiento: Una disciplina práctica y espiritual*. Miami: Editorial Unilit, 2014.

DeYoung, Kevin. *Haz algo*. Medellín: Poiema Publicaciones, 2020.

Apéndice 2

CUANDO LOS LLAMAMIENTOS ENTRAN EN CONFLICTO

La sumisión

Sumisión. Es una palabra cargada de un polvorín de emociones. Vivimos en una cultura más acostumbrada a cuestionar la autoridad que a someterse a ella. A los que están en el liderazgo a menudo se los ve con desconfianza en lugar de respeto. Muchos han sentido el aguijón de un liderazgo deficiente en sus hogares, iglesias y gobierno. Para algunos, la palabra *sumisión* se asocia con debilidad e incapacidad más que con fuerza y dignidad.

Sin embargo, la Biblia nos presenta mandatos sencillos y claros con respecto a la sumisión. Las esposas deben someterse a sus esposos como al Señor (Efesios 5:22). Los civiles deben someterse a sus autoridades gubernamentales (Romanos 13:1). El pueblo de Dios debe someterse a los líderes de la iglesia (Hebreos 13:17). Jesús es el ejemplo perfecto de sumisión cuando oró en la víspera de su crucifixión: "No se haga mi voluntad, sino la tuya" (Lucas 22:42).

La sumisión es parte de la vida cristiana. Ningún cristiano está libre de autoridad.

Si bien todo cristiano está llamado a someterse de alguna forma, las Escrituras también ofrecen ejemplos de ocasiones cuando el pueblo de Dios desobedeció a sus líderes para poder seguir fielmente los mandamientos de Dios. Rahab no se sometió a su rey cuando escondió a los espías israelitas; sino que eligió aliarse con el pueblo de Dios y recibió la recompensa por sus acciones (Josué 2:1-6; Hebreos 11:31; Santiago 2:25).

Abigail no se sometió a la injusticia pecaminosa de su esposo con David; sino que se reunió en secreto con David y sus hombres para recompensarlos de manera justa por su servicio. Su discernimiento salvó a su familia de la calamidad que venía sobre ellos (1 Samuel 25:3-42). Pedro y los otros apóstoles no se sometieron al consejo dirigente judío cuando se les ordenó que se abstuvieran de hablar o enseñar en el nombre de Jesús; sino que respondieron con valentía: "Es necesario obedecer a Dios antes que a los hombres" (Hechos 5:29).

Estos pasajes aclaran que la sumisión no es meramente obediencia pasiva a la autoridad. Es una obediencia activa y reflexiva, primero a Dios y luego a las autoridades que Él ha puesto sobre nosotros. A veces, cada una de nosotras lucharemos con Dios por cómo aplicar los claros mandamientos de las Escrituras en las áreas problemáticas y grises de nuestra experiencia.

¿Cómo navegaremos como creyentes por las aguas de la sumisión cuando nos encontramos en un choque de llamamientos? ¿Qué debemos hacer cuando nuestra obediencia a Dios o el avance de su pueblo choca con el llamamiento a someternos a nuestro esposo, iglesia o gobierno? Hay dos principios bíblicos que pueden guiarnos a honrar a Dios en nuestra sumisión.

Principio 1: Es pecado someterse a mandamientos maliciosos

Primero, debemos reconocer que nunca debemos someternos a las autoridades y su liderazgo cuando nos guían a cometer acciones pecaminosas. Cuando el rey Darío ordenó que nadie hiciera plegarias a ningún dios excepto a él mismo, Daniel hizo bien en desobedecer la orden inferior de Darío y continuar con su hábito regular de oración (Daniel 6). Si un esposo ordenara a su esposa dejar de leer la Biblia o de reunirse con el pueblo de Dios, ella haría bien en ir en contra de su liderazgo a fin de seguir la clara enseñanza de las Escrituras (Colosenses 3:16; Hebreos 10:25).

En el libro de los Hechos, leemos la historia de Ananías y su esposa, Safira. Ananías vendió una propiedad para dársela a los discípulos, pero se quedó con parte de las ganancias ante el conocimiento de su esposa. Cuando Pedro confrontó a Ananías por sus acciones pecaminosas, de inmediato Ananías cayó muerto. Unas horas más tarde, cuando Pedro preguntó a Safira sobre la propiedad, ella insistió en la mentira y sufrió las mismas consecuencias que su esposo (Hechos 5:1-11).

El liderazgo de un esposo no significa que su esposa escapará al juicio por su complicidad con sus acciones pecaminosas. Cuando un esposo, iglesia o gobierno pide a un cristiano que cometa una acción pecaminosa, el creyente siempre tiene la responsabilidad de obedecer a Dios.

Principio 2: No es pecado tratar de influir o persuadir a las autoridades que Dios ha puesto sobre nosotros

Una autoridad sobre nosotros podría elegir un curso de acción poco sabio que no es necesariamente pecaminoso. Quizás una esposa crea que una determinada elección con respecto a la educación de sus hijos es una mejor opción o le gustaría asistir a una iglesia más bíblica, pero su esposo no está de acuerdo. Quizás una iglesia toma una decisión que algunos en la congregación consideran imprudente sobre el uso de los fondos. Quizás un gobierno establezca leyes que parecen promover la injusticia, aunque no necesariamente causen que una persona peque. Si bien un creyente puede ser llamado a someterse en estas áreas, también es apropiado participar y presentar con respeto su opinión ante su autoridad.

A continuación, presentaré algunos principios que pueden guiarnos a la hora de dirigirnos con respecto a los líderes para exponerles nuestra preocupación por sus decisiones.

Busca al Señor en oración

Antes que Nehemías se acercara al rey Artajerjes para hablar con él sobre la reconstrucción de los muros de Jerusalén, fue al Señor en oración y ayuno. Durante cuatro meses oró pacientemente y esperó antes de llevar el asunto al rey (Nehemías 1). Antes que Ester presentara su petición a su esposo, pidió que Mardoqueo reuniera a todos los judíos para ayunar por ella. Al presentarnos ante las autoridades, primero debemos pasar tiempo en oración y ayuno para pedir al Señor que bendiga nuestra petición. También es importante buscar consejos sabios y el apoyo de personas piadosas.

Elige un momento y lugar apropiados

Ester pidió al rey Asuero que asistiera a un banquete privado antes de pedirle que salvara a su pueblo de la destrucción. No presentó su petición ante todos sus funcionarios en la corte, sino que esperó hasta que estuvieron solos con Amán allí para que escuchara su petición (Ester 4-5).

Cada una de nosotras haría bien en considerar el momento que elegimos para plantear áreas de desacuerdo con las autoridades. Una esposa podría arreglar un almuerzo o cena con su esposo para conversar sobre un tema específico. Un miembro de la iglesia haría bien en esperar un momento que no sea el domingo después del sermón para conversar sobre una preocupación en particular con su pastor. Elegir el momento y lugar apropiados demuestra una consideración respetuosa de la persona que tiene autoridad sobre ti.

Presenta tu petición con valor y respeto

Cuando Nehemías fue ante el rey, temió "en gran manera" (Nehemías 2:2). Ester también sintió el gran peso de su petición y dijo a Mardoqueo: "Si perezco, que perezca" (Ester 4:16). Sin embargo, ambos se presentaron ante su líder con tanto valor y respeto que hallaron gracia delante de él. Tuvieron el valor de pedir, pero lo hicieron de una manera que honraba a aquel a quien presentaron su petición. Cuando buscamos influir en quienes están en una posición de liderazgo sobre nosotros, podemos presentar con valor nuestras peticiones ante ellos, pero debemos hacerlo de una manera que demuestre respeto por la función y la autoridad que Dios les ha dado sobre nuestras vidas.

Sométete a la providencia de Dios

Finalmente, es posible que un esposo no esté de acuerdo con la petición de su esposa. Una iglesia podría continuar por un camino que parece imprudente. Un gobierno podría tomar decisiones que no promuevan el bienestar de aquellos que gobierna. En esos momentos, debemos someternos en confianza al Señor sin apoyarnos en nuestro propio entendimiento. Proverbios 21:1 nos alienta: "Como los repartimientos de las aguas, así está el corazón del rey en la mano de Jehová; a todo lo que quiere lo inclina". A fin de cuentas, Dios obra providencialmente a través de las autoridades que ha puesto sobre nuestras vidas. Son los agentes humanos a través de los que Dios está cumpliendo su propósito de bien para cada una de nosotras (Romanos 8:28).

Estamos llamadas a someter nuestra vida primero a Dios y, segundo, a quienes tienen autoridad sobre nosotras. Puede que el camino no siempre sea tan claro como nos gustaría, pero nuestra disposición a confiar con humildad nuestra sumisión a Dios nos conduce a una comprensión nueva y más profunda de su bondad soberana. Gracias a Dios, seguimos ante todo a un Salvador que conoce no solo el doloroso costo de la sumisión, sino también los propósitos gratos para los que Dios intenta usar nuestra obediencia voluntaria.

ÍNDICE GENERAL

ÍNDICE DE TEXTOS BÍBLICOS

EDITORIAL
PORTAVOZ

NUESTRA VISIÓN

Maximizar el efecto de recursos cristianos de calidad que transforman vidas.

NUESTRA MISIÓN

Desarrollar y distribuir productos de calidad —con integridad y excelencia—, desde una perspectiva bíblica y confiable, que animen a las personas a conocer y servir a Jesucristo.

NUESTROS VALORES

Nuestros valores se encuentran fundamentados en la Biblia, fuente de toda verdad para hoy y para siempre. Nosotros ponemos en práctica estas verdades bíblicas como fundamento para las decisiones, normas y productos de nuestra compañía.

Valoramos la excelencia y la calidad.
Valoramos la integridad y la confianza.
Valoramos el mérito y la dignidad de los individuos y las relaciones.
Valoramos el servicio.
Valoramos la administración de los recursos.

Para más información acerca de nuestra editorial y los productos que publicamos visite nuestra página en la red: www.portavoz.com.